マルチアングル戦術図解

バドミントンの戦い方

藤本ホセマリ

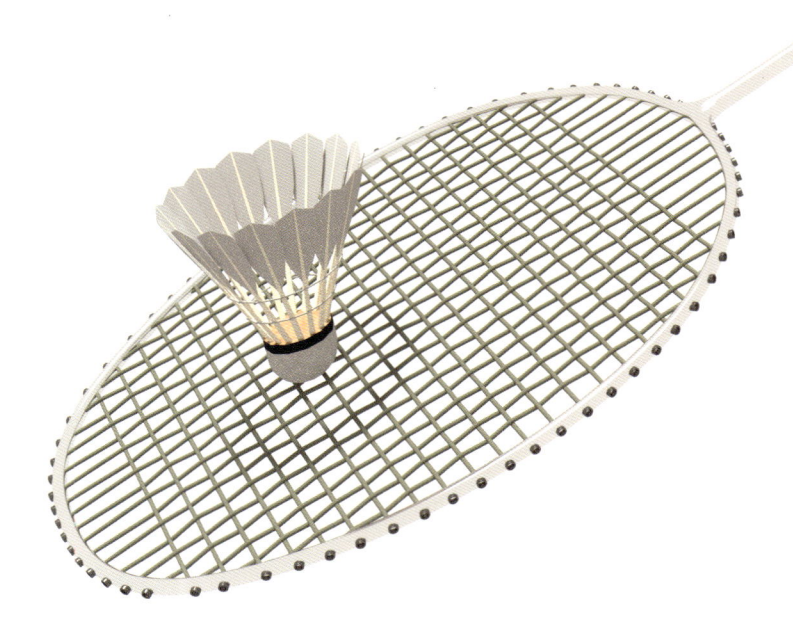

"勝ち方"を知りたい人のために

バドミントンは、初心者から上級者までどんな人でも楽しめるスポーツです。本屋さんにはバドミントンに関する本がたくさん置いてありますが、ほとんどがビギナー向けに、基本的な打ち方を紹介しています。しかし、ひと通り基本ショットを打てるようになると、さらにレベルアップしたいと思ったとき、これぞという本はなかなかありません。本書は実戦の視点からいかに駆け引きを楽しみながら試合を優位に進め、勝利を導き出すか、まさに"勝ちたい人"のために書いた一冊です。

基本ショットをバリエーション化

第1章は、ショットについて説明していますが、他の教則本と異なるのは、基本的な打ち方に関する説明はしていないところです。じつはスマッシュ一つとってもたくさんの種類があります。強い選手は速さや球足の長さ、打ち方を変え、それらを使い分けているものです。本書では基本ショットには、こんな打ち方もあるというバリエーションをできるだけ多く紹介しています。目的意識を持ってショットに応用が利くようになると、戦術の幅もグッと広がっていきます。

3Dで戦術を紹介

コート図を3Dで展開し、戦術を紹介しているのもこの本の特徴です。3Dグラフィックを駆使して、立体的に球の高さや奥行きを表現しています。また、自分の視点、相手の視点など、さまざまな角度から課題となる場面を表現することでポイントがわかりやすくなっています。

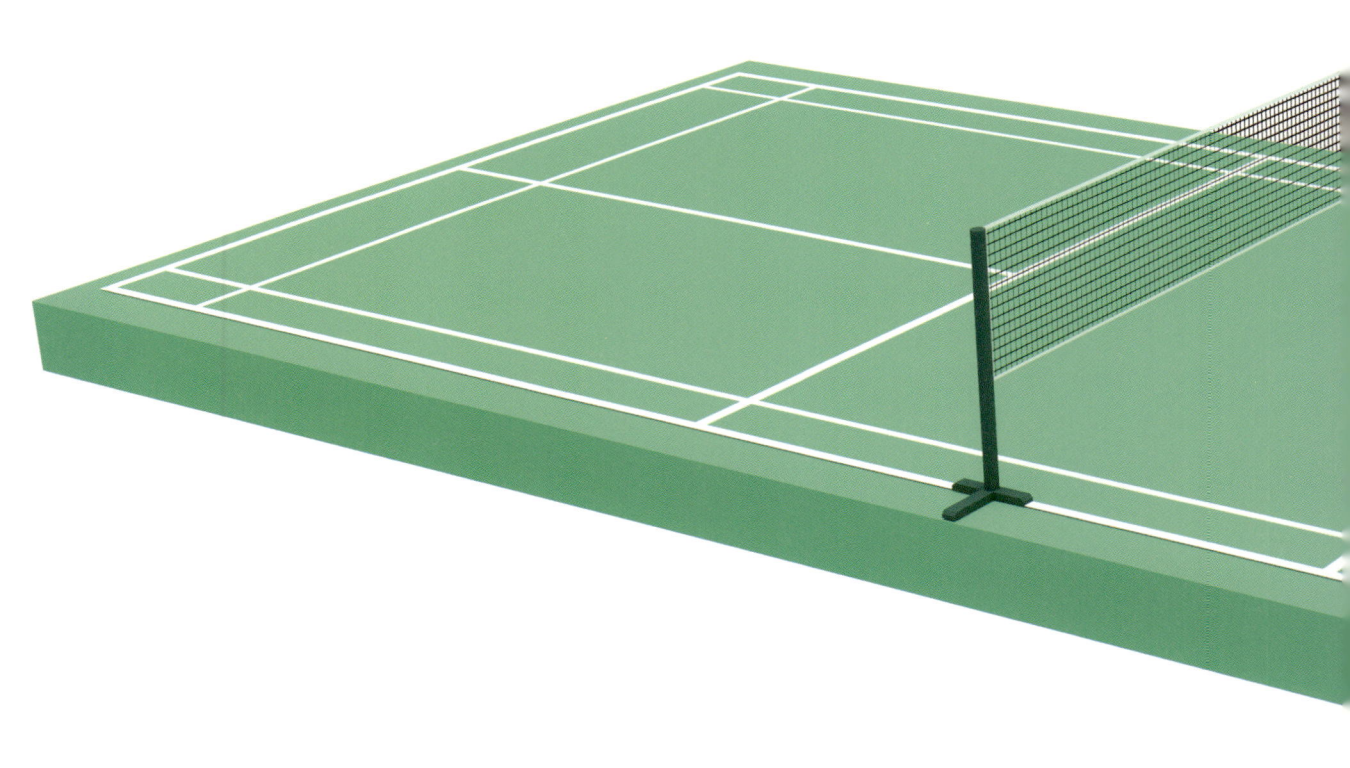

シングルス、ダブルスの戦術を紹介する第2章、第3章は、どちらもサービスやサービスレシーブからの戦い方など、図解を交え解説。さらに、ある局面にどう対処したらよいか、多くのケーススタディも記しました。第4章では、試合運びの方法など、試合に対する考え方を紹介しています。

状況に対応する力が勝利を導く

この本には注意点があります。ここで紹介した戦術は、あくまで試合でよくあるパターンの一つにすぎないということです。そもそも戦術にはこうすれば絶対にうまくいくという定石はありません。自分や相手の実力、その日の体調、体育館の環境などによって状況は少しずつ変わるので、まったく同じ条件で試合をすることはないでしょう。したがってそのときの状況に応じて最善の戦術を選択することが、勝利につながるのです。

ただ、最初のうちは意識的に戦術を使うのは簡単ではありません。もしどうしていいかわからなければ、まず本に紹介した戦術を一度試してみてください。実戦を通し、場面や選手のタイプに応じてどんな戦術が効くのか、次第にわかってくるはずです。トライを繰り返すことで試合の流れを読む力がつき、自分の勝ちパターンも持てるようになります。そのときには、バドミントンが今よりももっとおもしろくなっていることでしょう。

藤本ホセマリ

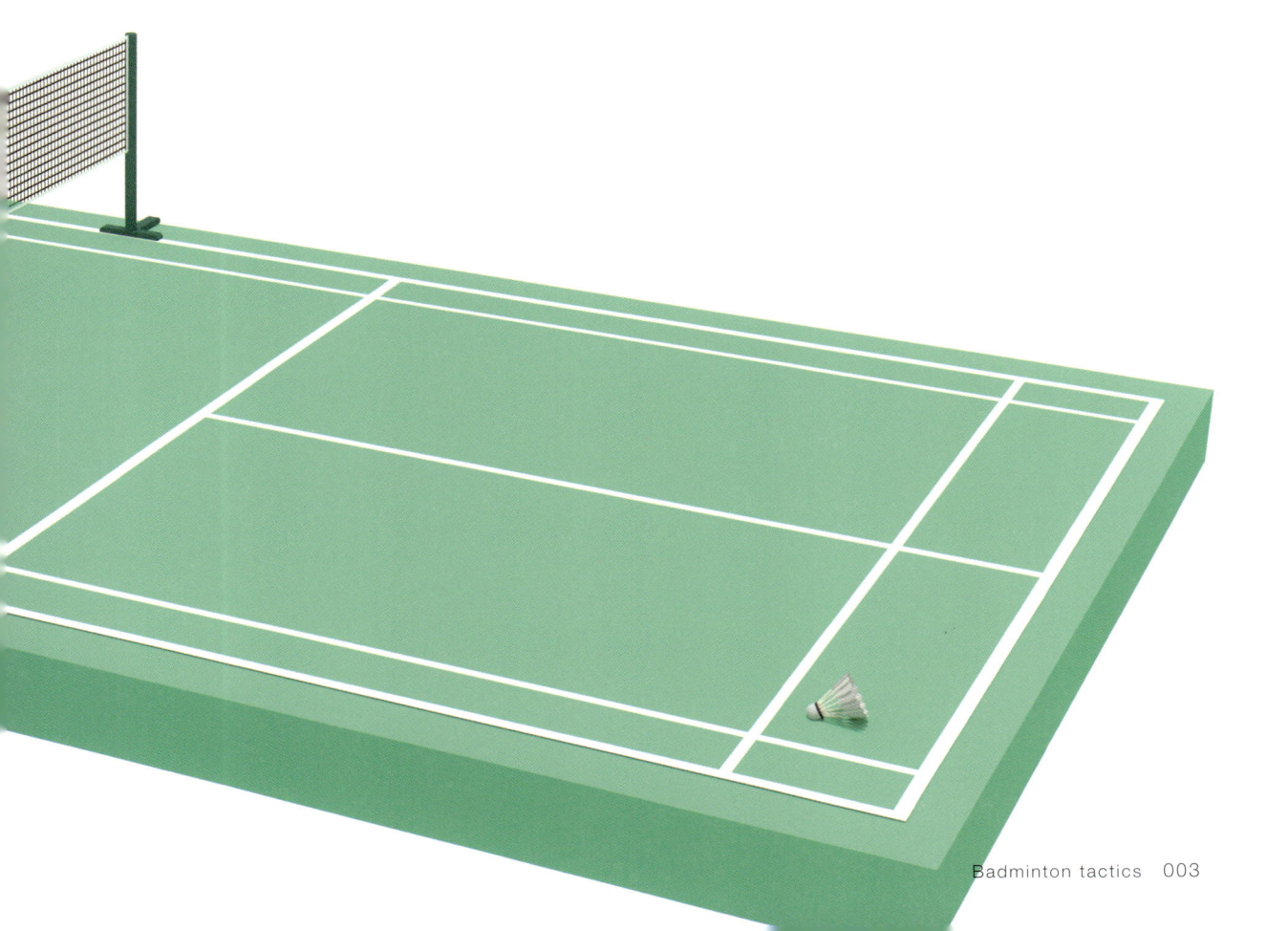

本書の使い方

本書では、バドミントンの戦術を3Dグラフィックを用いてマルチアングル（多角的）に図解している。第1章では、各ショットの軌道や狙いを紹介。ショットの特性や打ち分けのポイントを詳細に示している。

第2章ではシングルス、第3章ではダブルスのそれぞれの戦術を解説している。第2章と第3章は、戦術のベースとなる基本戦術、実戦の一場面で役立つ実用的戦術、対戦相手に合わせた状況別戦術の3段構成になっており、段階的に戦術を身につけることができる。

習得する戦術の内容が一目でわかる。解説文を読み込むことで戦術についての理解を深められる

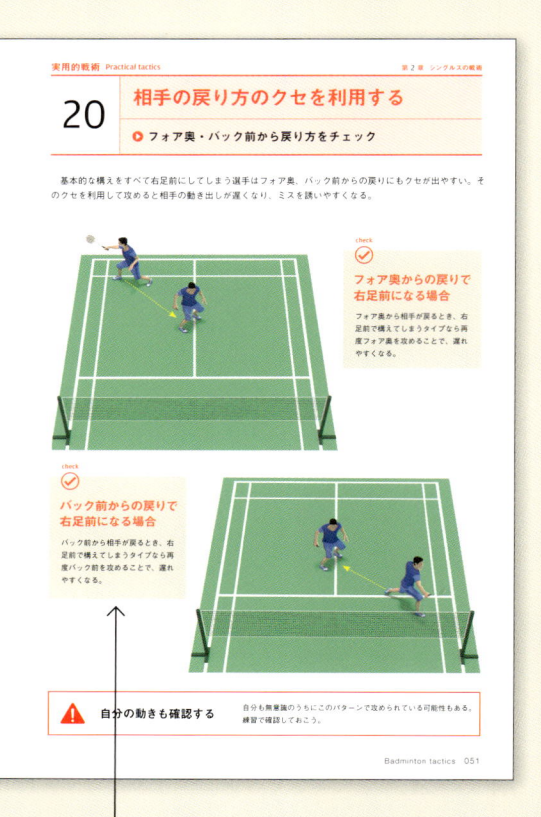

3Dグラフィック図

赤…自分　　**青…相手**

赤の人物がメイン（自分）、青の人物が対戦者（相手）。人物の動きは、主に黄色の点線矢印で示している

別のアングル

特定のシチュエーションを切り取り、その場面を別の角度から見た図を組み込んでいる。2つのアングルから見ることで、状況や局面がより明確になる

check

とくに確認しておきたい内容、戦ううえで覚えておきたいことなどを紹介している。戦術を理解するための助けになる

なお、３Ｄグラフィックの図では人物を赤色と青色で色分けした。赤色をそのページのメインとなる人物（自分）、青色を対戦者（相手）としている。動きの残像、別角度からの図を組み込み、よりイメージしやすいつくりを心がけた。そのほか、チェック項目や注意点、追加要素など、各戦術に種類別のアイコンを用いた説明を記しているので、理解を深める助けにしてほしい。

第４章では、風の向きやライトの種類などコートの情報、試合にのぞむ際のメンタルといった戦略的な内容を紹介している。さらに巻末には、オ

リジナルの「ゲーム分析シート」、「プレーヤー分析シート」のページを設けた。コピーして活用すれば、戦術理解の向上と実践に役立つだろう。

最初のページから順番に読み進めていくことが理想だが、項目ごとにページを構成しているので、とくに知りたい・興味がある項目があれば、その部分を取り上げて習得することもできる。自分のレベルに合わせて活用してほしい。なお、本書の表記は右利きを想定して制作しているので、左利きの選手は留意して理解しよう。

選手の心理や カギとなるショットの説明

図中には選手の心理や、カギとなるショットを説明する文言があり、ラリー展開などをよりイメージしやすくしている

TACTICS

得意なパターンで攻めてくる相手に対し、それをいかに封じ、こちらが主導権を握るのか、その戦術を詳細に解説している

Point	戦術を実行するために必要なポイント
Extra	付け加えて理解しておきたい内容を紹介
⚠	戦術を繰り出すうえで注意するべき部分

CONTENTS

第 1 章

ショットを使いこなそう

バドミントンのショットには、さまざまな種類がある。
たとえば、クリアーひとつとってもバリエーションがあり、
それらの使い分けによって駆け引きをすることが大切だ。
軌道の高さや羽根のスピードなど、
それぞれの特徴と使いどころを把握しよう。

01 ショット考

▶ 戦術を組み立てるために必要なショットの種類

■ ショットの質を上げる

　ショットが一通り打てるようになっても、その質を上げなければ強い選手には勝てない。勝つための戦術とはコースを正確に狙うことから始まるからだ。さらにトッププレーヤーはカットやクリアーで打つタイミングを変えたり、ネットショット（ヘアピン）のときにスピンや回転をかけたりする。またスマッシュでは打点の高さや球のスピード、球足の長さを変えるなど、同じフォームから1球ずつ変化をつけ、相手の予測の逆を突いた

り、動き出しのタイミングを遅らせたりしている。
　このようにショットの質を上げていくことで相手のリズムを狂わせ、勝利を引き寄せることができる。
　以下で紹介する「7つの鉄則」をショットの質を上げるべく、ぜひ意識してほしい。これを実現するためには相手の球に素早く反応し、確実に羽根の下に入るフットワークが基本にあることを忘れずに。

▌7つの鉄則

ゲーム練習のときはもちろん、基礎打ちの際や自分より力が劣る相手と練習するときでも意識できる項目はあるはずだ。ただ打つだけではなく1球1球意識して練習してほしい。

鉄則		
1	狙ったコースへ正確に打つ	まず第一に、狙ったコースへ正確に打つことが大事。羽根の下に体を入れて打つとコースを狙いやすい。
2	ショットの速度を変える	ショットの速度を変えることでコースを変えられる。また速度を遅くすることでミスを減らす効果も。
3	コースの角度を変える	同じ力のショットでも、角度を変えることでコースを変えられる。また角度を変えればミスを減らせるショットもある。
4	打つタイミングを変える	羽根を打つタイミングを変えることで、相手の動くタイミングを遅らせる。
5	同じフォームからショットを変える	同じフォームからいろいろなショットを打つことで、相手に何を打つか読まれにくくする。
6	カットをかける	カットをかけると同じショットでも軌道が少し変化して、相手のリズムを崩せる。
7	ショットのミスを減らす	動かされて打つ難しいショットはともかく、余裕のあるショットのミスを減らすことが大事。試合以外でも意識しよう。

鉄則 1 狙ったコースへ正確に打つ

▶ コート後方からオーバーヘッドで
打つショット

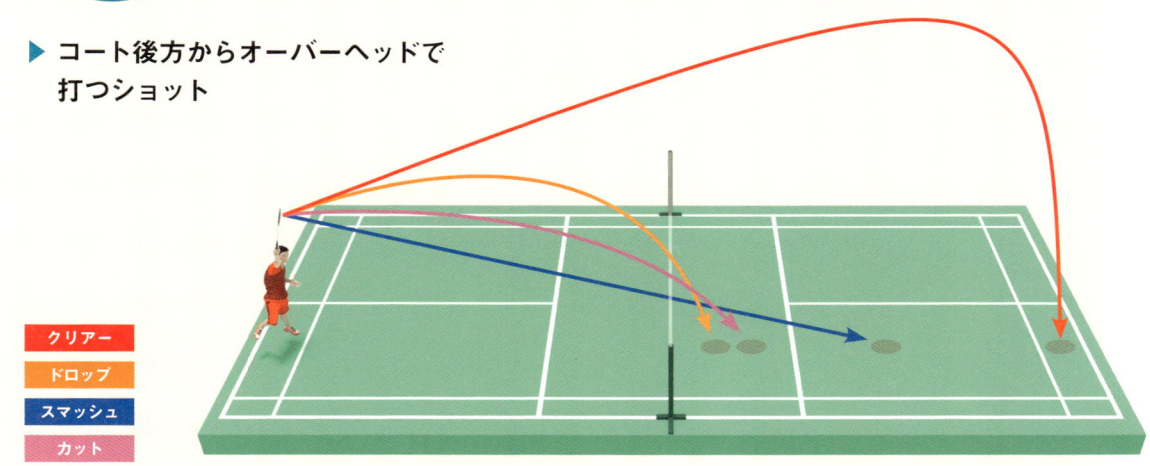

クリアー
ドロップ
スマッシュ
カット

▶ コート前方からアンダーハンドで打つショット

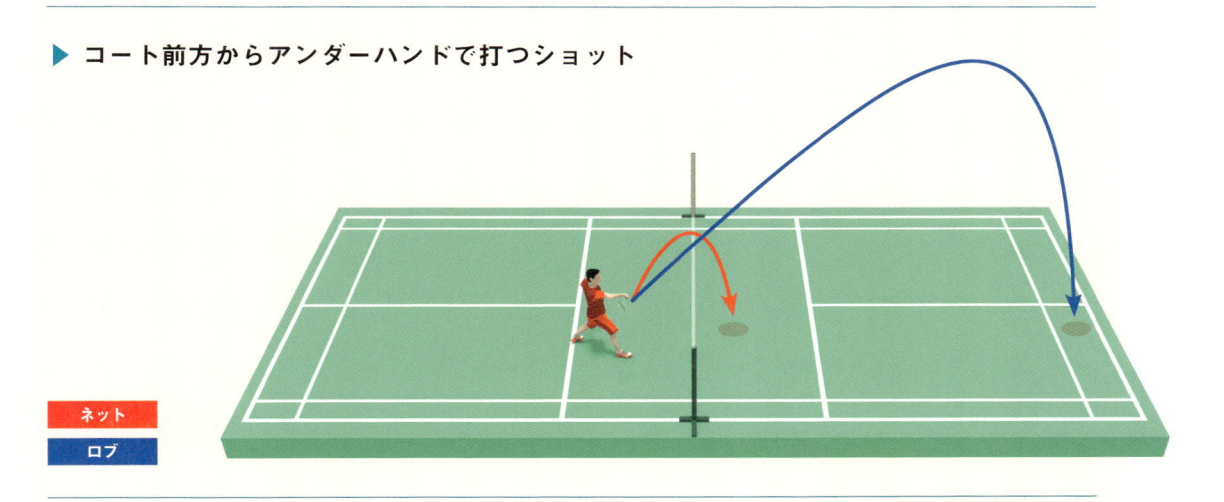

ネット
ロブ

▶ コート前方からオーバーヘッドで打つショット

ブロック
プッシュ

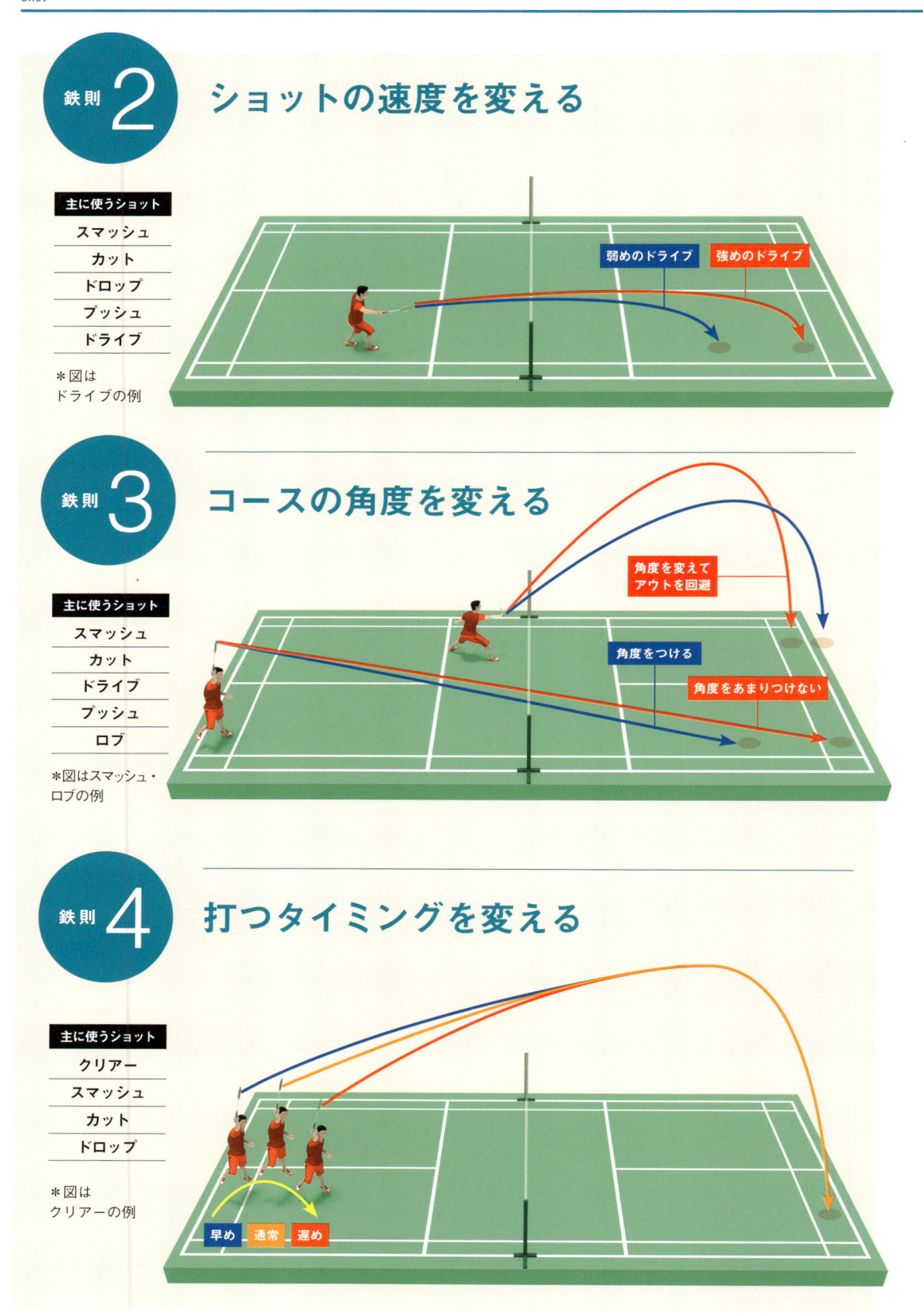

鉄則 **2**

ショットの速度を変える

主に使うショット

スマッシュ
カット
ドロップ
プッシュ
ドライブ

＊図は
ドライブの例

弱めのドライブ　強めのドライブ

鉄則 **3**

コースの角度を変える

主に使うショット

スマッシュ
カット
ドライブ
プッシュ
ロブ

＊図はスマッシュ・
ロブの例

角度を変えて
アウトを回避

角度をつける

角度をあまりつけない

鉄則 **4**

打つタイミングを変える

主に使うショット

クリアー
スマッシュ
カット
ドロップ

＊図は
クリアーの例

早め　通常　遅め

鉄則 5　同じフォームからショットを変える

スマッシュと見せかけ
て別のショットを打ち
分ける

| スマッシュ |
| クリアー |
| ドロップ |
| カット |

ストレートネットと見
せかけてクロスネット
を打つ

| ストレートネット |
| クロスネット |

鉄則 6　カットをかける

| 主に使うショット |
| スマッシュ |
| カット |
| ドライブ |
| プッシュ |

＊図は
スマッシュの例

通常のスマッシュ

カットをかけたスマッシュ

鉄則 7　ショットのミスを減らす

サービスやサービスレシーブ、羽根の下にしっかり入って打つときのショット、
ボディまわりに来たショットなどはミスをしない

ショット　Shot

02 クリアーの種類

▶ コート奥へ返すバドミントンの基本ショット

check

軌道　コート後方から相手コートの後方まで打つショットは3種類ある。どれも落下点は同じだが、軌道が変わるので使う場面も異なる。

ハイクリアー

コート奥へ高く垂直に落ちるように打つ

クリアー

コーナーにしっかり打てるよう練習する

ドリブンクリアー

相手につかまらない高さに打つよう意識する

1　クリアー

コート奥に打つ、バドミントンでもっとも基本となるショットだ。使い方によって攻めにも守りにもなる。

実戦でこう使う！

▼

相手を動かす

シングルスでもダブルスでも対戦相手をコート奥へ動かすために使う。

▶ **Point**

■ **コート奥までしっかり打つ**
■ **ストレートにもクロスにも打てるようにする**
■ **半身の構えからヒジを一気に上げて打ち込む**

2　ハイクリアー

できるだけコート奥へ高く垂直に落ちていくように打つ。

実戦でこう使う！

▼

体勢を立て直す

追い込まれたとき、ハイクリアーで体勢を立て直す。奥までしっかり打って相手を下げる。

▶ **Point**

■ **シングルス中心のショット**
■ **流れを変えたいときに使う**
■ **ラケット面は羽根が上に飛んでいく角度にする**

3　ドリブンクリアー

コート奥へ低く速く打つ、攻めるときに使うショット。相手がコート中央から跳びついても届かない高さを狙う。

実戦でこう使う！

▼

相手を追い込む

羽根をコート奥へ押し込むように速く打ち、相手を大きく動かして体勢を崩す。

▶ **Point**

■ **攻めの要素が強い**
■ **相手がジャンプしても届かない高さにする**
■ **タイミングを外して打つと効果的**

03 ドロップ＆カットの種類

▶ **コート後方からネット前に落とし、相手を前へ動かすショット**

check

軌道

コート後方からネット前に落とすショットは2種類ある。よりネット際に落ちるのがドロップで、やや球足が伸びるのがカットだ。

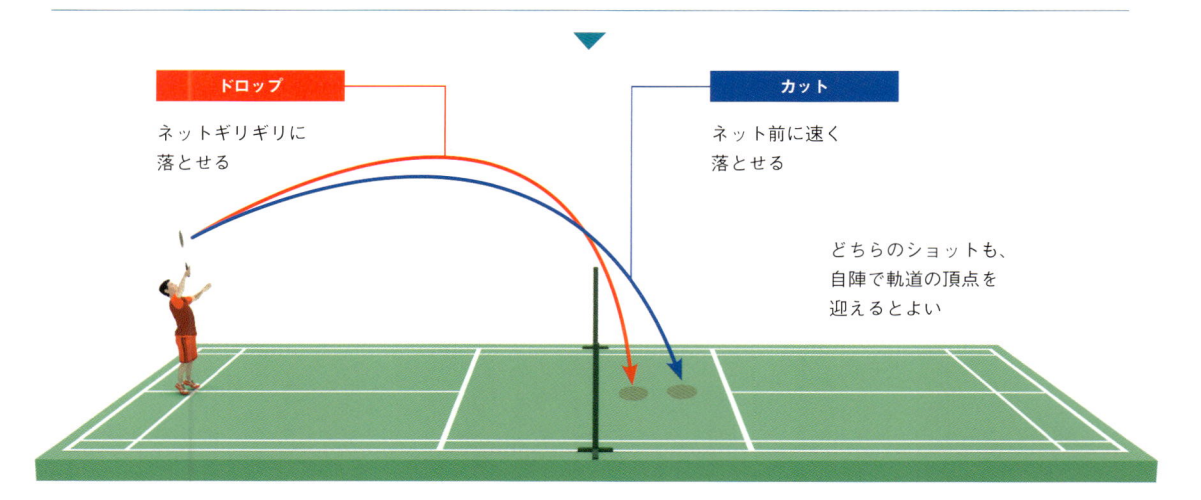

ドロップ
ネットギリギリに落とせる

カット
ネット前に速く落とせる

どちらのショットも、自陣で軌道の頂点を迎えるとよい

check

ラケット面

飛んできた羽根に対し、ラケット面を正面に向けて打つのがドロップ。カットには2種類あり、コルクのフォア側をこすって飛ばすのがフォアカット、バック側をこすって飛ばすのがリバースカットだ。

ドロップ

コルクをラケットの正面に当てる

フォアカット

コルクのフォア側をこするように打つ。左利きのリバースカットと同じ

リバースカット

コルクのバック側をこするように打つ。左利きのフォアカットと同じ

1 ドロップ

ドロップは滞空時間は長いが、よりネット前に相手を動かすことができるショット。頭上のどこからでも打ちやすい。

実戦でこう使う！

スマッシュと思わせて打つ

ドロップはスマッシュのスイングと似ているので、相手に強いスマッシュがくると思わせておき、ドロップで前に落とすというフェイントが効果的。

▶ **Point**
- カットよりネットギリギリに打てる
- スマッシュの体勢から打つと効果的
- 体勢が悪くても制球しやすい

2 カット

大きく分けてフォアカットとリバースカットがあり、どちらもコルクをこするように打つショット。ドロップより速く落とすことができる。

実戦でこう使う！

相手を惑わす

ヒット直前までクリアーと同じフォームでフォアカットとリバースカットを打てれば、相手の守備範囲が広がり、惑わすことができる。無理な体勢で打つとミスをしやすいので、そのときはドロップに切り換える。

▶ **Point**
- ドロップより速くネット前に落ちる
- クリアーと思わせて打つと効果的
- 体勢が悪いとミスが出やすい

リバースカットで打てるコース

フォアカットで打てるコース

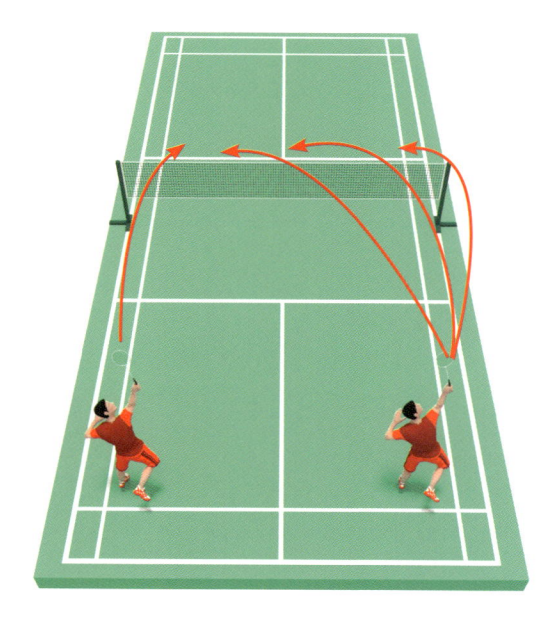

04 スマッシュの種類

▶ エースを狙えるもっとも破壊力のあるショット

1 スマッシュ

オーバーヘッドで羽根をフラットに当て、角度をつけて打つ。全力で打ったり、つなぎで打ったり、場面に応じて力加減を変える。

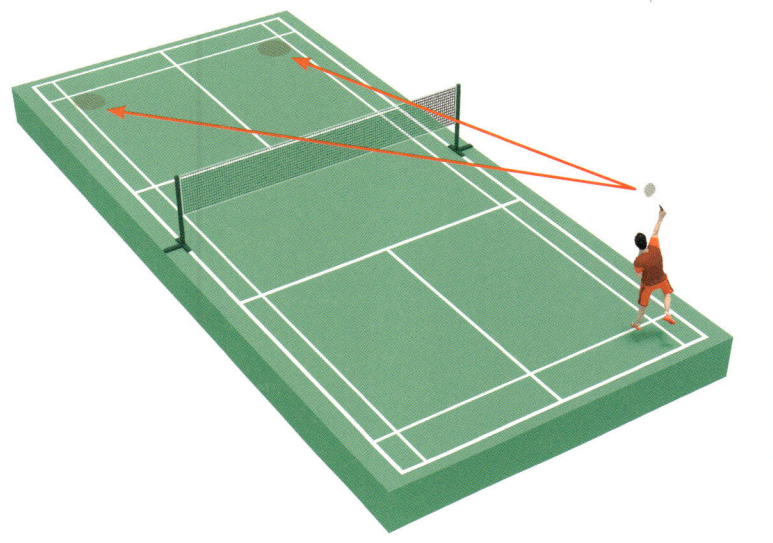

実戦でこう使う！
▼
優位を保つ

スマッシュでエースをとりにいくだけでなく、相手に甘い球を上げさせるためにも打つ。

▶ Point

- ■ 力強く角度をつけて打つ
- ■ 球足が伸びやすい

2 カットスマッシュ

ラケット面の当て方がスマッシュとカットの中間にあたり、フォームはほぼ同じ。基本の一つとして覚えたい。

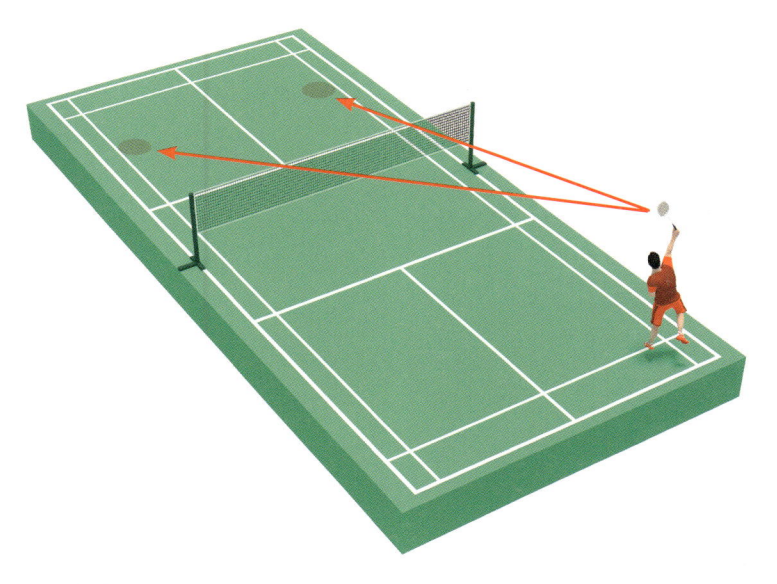

実戦でこう使う！
▼
ハーフから前を狙う

相手コートのハーフから前を狙うときに有効。シングルスではハーフサイドを狙う。ダブルスでは相手の手前に落とすショットとして使う。

▶ Point

- ■ 打ち方はスマッシュと
  カットの中間
- ■ ハーフから前を
  攻めるときに使う

3　ジャンピングスマッシュ

羽根の真下から両足で跳びついて打つショット。

実戦でこう使う！

▼

角度をつける

角度をつけて打つので、レシーブされにくい。

▶ **Point**

- ■ 羽根の下に入って止まり、両足でジャンプして打つ
- ■ 狙える範囲が広い

4　跳びつきスマッシュ

サイドへ移動しながら、羽根に片足で跳びついて打つショット。

実戦でこう使う！

▼

素早く反応する

低い軌道の球に対し素早く反応することで、高い打点から打てる。

▶ **Point**

- ■ サイドに動きながら片足でジャンプして羽根をとらえる
- ■ 打ったあとは素早く戻る

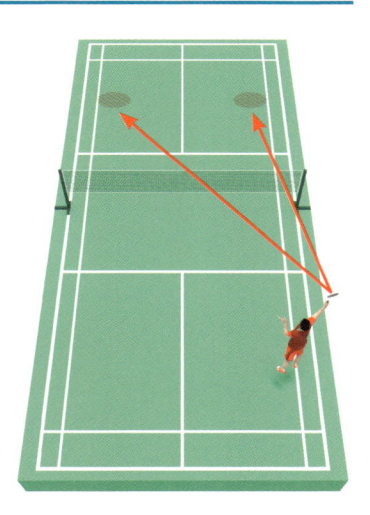

5　振りの小さいスマッシュ

上半身をうまく使い、ヒジから先でコンパクトに打つショット。

実戦でこう使う！

▼

連続攻撃する

ハーフから前に攻めるとき、小さい振りで連続攻撃しよう。

▶ **Point**

- ■ コンパクトに振るのでショットが読まれにくい
- ■ ダブルスの前衛の連続攻撃でよく使う

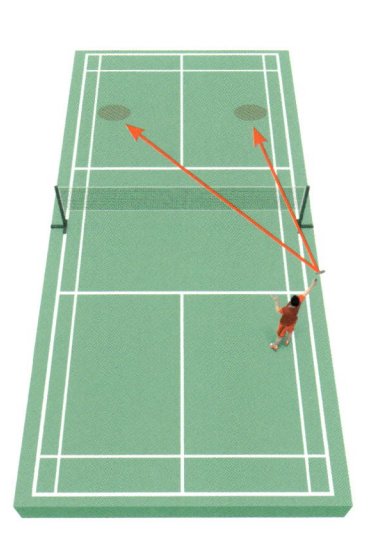

05 ロブの種類

▶ **ネット前からアンダーハンドで相手の後方に返すショット**

✓ **軌道** ネット前から相手コート後方に打つショットは3種類ある。クリアー同様、落下点は同じだが軌道が変わり、使う場面も変わる。

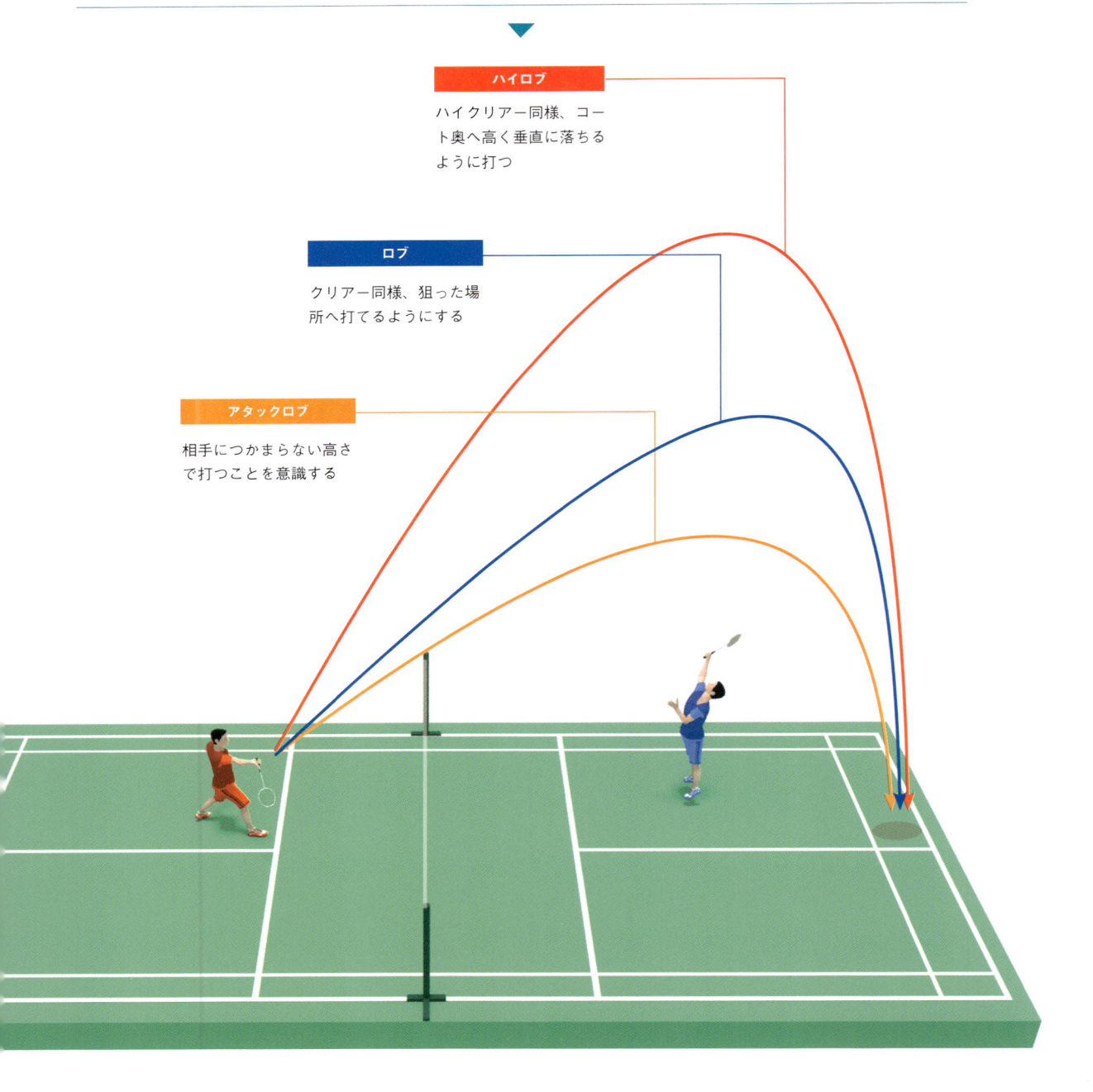

ハイロブ
ハイクリアー同様、コート奥へ高く垂直に落ちるように打つ

ロブ
クリアー同様、狙った場所へ打てるようにする

アタックロブ
相手につかまらない高さで打つことを意識する

1 ロブ

ネット前からアンダーハンドでコート奥に高く打つショット。動かしながら打たせるイメージを持つとよい。

実戦でこう使う！
▼
いい体勢で打たせない

相手を大きく動かし、いい体勢で打たせないようにする。狙ったコースへ打てるように練習しておこう。

▶ **Point**

■ 相手を後方に動かすショット
■ コート奥までしっかり打つ

---

2 ハイロブ

厳しいネットなどで攻められたとき、コート奥へ高くしっかり返すショット。

実戦でこう使う！
▼
悪い流れをリセットする

ネット前に追い込まれたときなど、高いロブで時間を稼いで体勢を立て直す。ラリーの流れを変えたいときにも使える。

▶ **Point**

■ 打つ角度に注意し、高く上げる
■ ラリーの流れをリセットする効果もある

---

3 アタックロブ

コート奥へ低く速く打つ、攻めるときに使うショット。相手がコート中央から跳びついても届かない高さを狙う。

実戦でこう使う！
▼
相手を追い込む

羽根をコート奥へ押し込むように速く打ち、相手を大きく動かして体勢を崩す。

▶ **Point**

■ 相手がジャンプしても届かない高さにする
■ タイミングを外して打つと効果的

06 ネットの種類

▶ ネット近くから相手のネット前に落とすショット

check

軌道

一般的にネット（ヘアピン）と呼ばれているショットには、カットネットとリフトネット、ロングネットの3種類がある。軌道の違いを理解し使い分けたい。

▼

1 カットネット

白帯からなるべく浮かないように、ネット際に打つショット。当てるときにシャトルを切って回転させる。

実戦でこう使う！

▼

球を上げさせる

攻撃場面をつくるために相手に球を上げさせるのが大きな目的だ。ロブと同じフォームで打とう。

▶ Point

■ 羽根の軌道をコントロールする
■ ロブと同じフォームで打つ

カットネット

軌道の頂点を自陣にし、浮かないようにする

スピンネットはカットネットの応用

スピンネットは、カットネットにさらにスピンをかけたショットで軌道はカットネットに似ている。

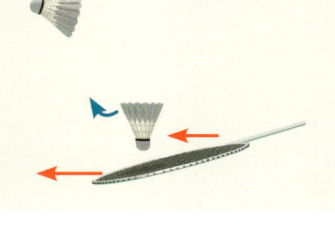

カットネットの軌道
羽根が回転している

スピンネットの軌道
羽根がスピンしている

2 リフトネット

羽根は切らずにラケット面に垂直に当て打ち上げるショット。

実戦でこう使う！

▼

ネット前におびき寄せる

かなり前方へ相手を引きつけられる。その場合、返球はネットかロブしかこない。

▶ **Point**

■ 自分の体勢を立て直す時間がつくれる
■ 軌道の頂点がネット上になるとプッシュされやすい

3 ロングネット

白帯から浮かないように相手のショートサービスライン付近に打つショット。

実戦でこう使う！

▼

相手のネットプレーを封じる

ネットが得意な相手にカットネットやリフトネットを打ってしまうと、より厳しいネットが返ってくるが、球足を長くすれば、相手は厳しいネットが打ちにくい。

▶ **Point**

■ 浮かないようにコントロールする
■ 打ったあと、相手のアタックロブを警戒する

リフトネット

軌道の頂点は自陣コート内で高く、落下点は極めてネットに近い

ロングネット

短いドライブに似た軌道で落下点はショートサービスライン付近

07 クロスネットの種類

▶ ネットをクロス方向に打ち、相手を動かす、決める

1 フォアハンド

ストレートに打つネットと同じフォームから、当てる直前にクロスへ面を変える。

2 バックハンド

フォアハンド同様、ストレートに打つフォームから当てる直前にクロスへ面を変える。

実戦でこう使う！

▼

相手を動かす、決める

ストレートのネットと思わせ、クロスに打つことで相手を動かしたり、決めにいく。攻撃としてもつなぎとしても使える。

▶ **Point**

■ 強く打ちすぎるとアウトにしやすい
■ ネット中央を通過するように打つ

check

軌道

クロスネットを打つとき、自分の対角線上とネット際のどちらを狙うか、軌道の違いを理解し、打ち分けよう。

1　対角線上を狙う

羽根がネットの真ん中を通るようにし、対角線上を狙うと低く速い軌道で飛ばせる。相手を追い込みオープンスペースに打つときに使おう。

ネットの真ん中を通る

▶ Point

- コースより速さを重視
- オープンスペースに素早く打つ
- 打点が高いと狙いやすい

2　ネット際を狙う

自陣に軌道の頂点をつくり、厳しいコースを狙える。相手をできるだけネット前に動かしたいときに使おう。低い軌道だと、サイドアウト、もしくはネットミスをしやすいので注意。

自陣に山をつくる

▶ Point

- 速さよりコースを重視
- 軌道の頂点がネット上になるとプッシュされやすい
- 打点が低くても狙える

08 プッシュの種類

▶ ネット前に上がってきた羽根を上から沈める

軌道

ネット前に上がってきた羽根を上から打つプッシュは、しっかり押し込むプッシュと、バレーボールのブロックのように押さえて相手の前に落とすプッシュ（ブロック）の2種類がある。

ブロック

構えからテイクバックせず、ブロックするように打つ

プッシュ

しっかり球を押し込んで打つ。リズムを取りながら連続して打つ

1　プッシュ

ネット上に球が浮いてきたとき、相手コートへ押し込むように打つショット。

実戦でこう使う！
▼
連続攻撃で決める、ミスを誘う
プッシュは一発では決まらないことも多いので、連続して打てるようにすることが大事。連続して攻めれば、相手のミスも誘いやすい。

▶ Point
■ 相手が打ったと同時に構える
■ 一発の速さより連続で打てる力を

2　ブロック

相手の速いレシーブやドライブをネット前でブロックするように打ち返し、前に落とすショット。

実戦でこう使う！
▼
相手を動かしミスを誘う
レシーブが上手な相手のときはプッシュが簡単に決まらないので、相手を動かしたり、ラリーをつないだりするために使うとよい。低いレシーブをブロックしたり、プッシュを交ぜたりすることで、相手のミスを誘いやすい。

▶ Point
■ ラケットを構えから
　テイクバックせずに
　球を止める感じで打つ
■ プッシュもできる高さからあえて
　ブロックするとより効果的

Extra

ネットギリギリの球は
ワイパーショットで打つ

プッシュだとネットにぶつかる恐れがある場面では、ラケットを車のワイパーのように動かし、タッチネットのリスクを軽減できるワイパーショットが有効だ。クロスに打つと見せて、ストレートに飛ぶのでフェイント効果もある。

09 レシーブの種類

▶ 攻められている状況を逆転するための一打

軌道

スマッシュやドライブ、プッシュをレシーブするときの軌道は、ショートレシーブ、ドライブ、ロングレシーブの3つに大きく分けられる。ダブルスでよく使われるショットでラリーの状況に応じて使い分けたい。

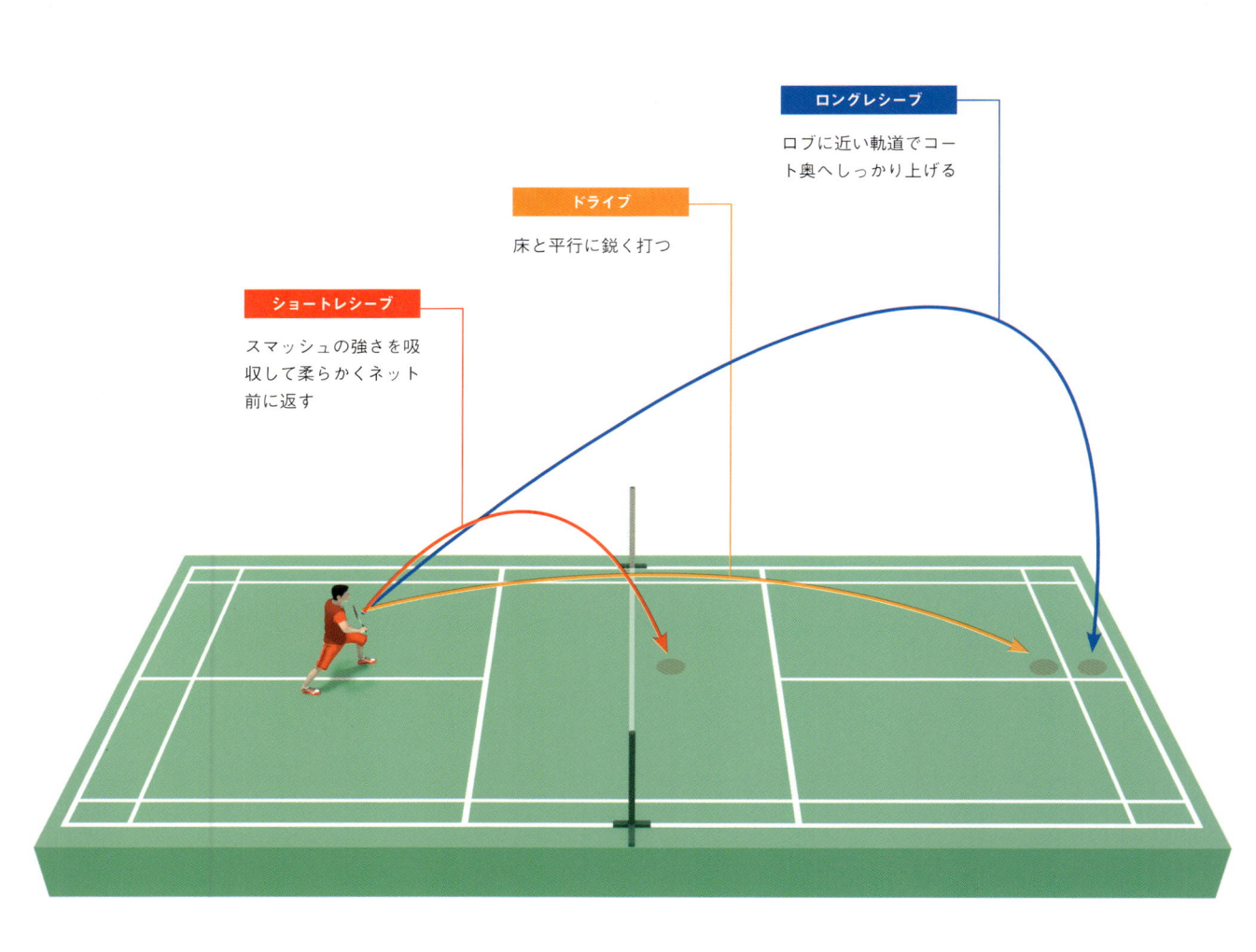

ロングレシーブ
ロブに近い軌道でコート奥へしっかり上げる

ドライブ
床と平行に鋭く打つ

ショートレシーブ
スマッシュの強さを吸収して柔らかくネット前に返す

1　ショートレシーブ

小さい振りで吸収しながら当て、ネット前に返すショット。軌道の頂点を自陣につくると攻撃されにくい。

実戦でこう使う！
▼
反撃のきっかけをつくる

理想的な軌道なら相手前衛の正面に打っても上げさせる展開にできる。

▶ Point

■ 自陣に軌道の頂点をつくる
■ ハーフから前で打てば狙いやすい

2　ドライブ

ネットのすぐ上を床と平行に鋭く打つショット。バックハンド、フォアハンドどちら側からでも打てる。

実戦でこう使う！
▼
前衛を抜く

ダブルスでは相手前衛につかまらないコースを選び、球を上げさせたい。

▶ Point

■ 連続で打てるようコンパクトに振る
■ 右足を踏み込むタイミングで打つ

3　ロングレシーブ

相手のスマッシュなどの攻撃をロブに近い軌道で相手のコート奥に返球するショット。

実戦でこう使う！
▼
相手を左右に振る

相手に連続スマッシュを打たれても、クロスにロングレシーブして左右に振れば反撃のチャンスが生まれやすい。

▶ Point

■ 相手の前衛に届かない高さに打つ
■ クロスにも返せるように

Extra

バック側のサイドレシーブ

シングルス、ダブルスともに、バック側のサイドレシーブを近いところで打つ場合には、左足を踏み込むことが多い。左足を踏み込んで打つ場面はあまりないので、練習をしておく必要がある。

10 フォア奥からのショットの種類

▶ 追い込まれて苦しい体勢でもしっかり返す

軌道

フォア奥に追い込まれ、打点が目線より下になってしまった場合の打ち方を
マスターしておこう。大きく分けると、クリアー、カット、ドライブの３種類
があり、不利な状況からでも使い分けるとよい。

▼

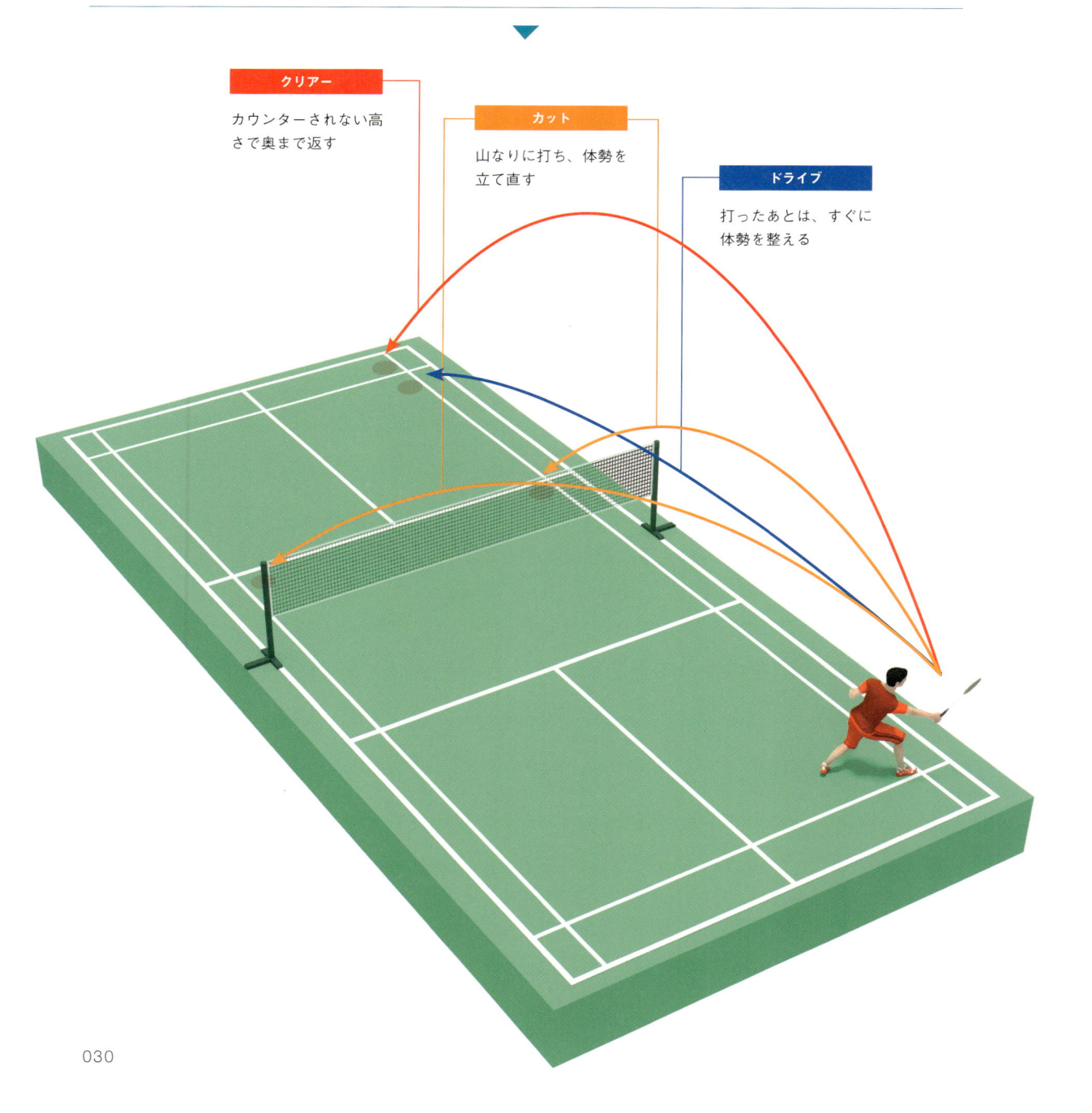

クリアー
カウンターされない高
さで奥まで返す

カット
山なりに打ち、体勢を
立て直す

ドライブ
打ったあとは、すぐに
体勢を整える

1　クリアー

奥に大きく返すショット。打点が低いので力強く打たないと奥まで飛ばない。

実戦でこう使う！

▼

高さに注意し奥まで返す

追い込まれ打点が低い状況では、クリアーを打ち出す面の角度調整が難しい。カウンターされない高さで奥まで返すようにしよう。

▶ **Point**

- ■ 打点が低くても しっかり打てる体勢をつくる
- ■ カウンターされない高さで奥まで返す

2　カット

ネット前に落とすショット。打点が低いのでバックハンドグリップにして打つとよい。

実戦でこう使う！

▼

体勢を立て直す

追い込まれた状況でも、羽根の軌道を山なりにし、体勢を立て直す時間をつくる。同じフォームからストレート、クロスを使い分けよう。

▶ **Point**

- ■ 軌道を山なりにし、体勢を立て直す
- ■ 同じフォームからストレート、クロスを打ち分ける

3　ドライブ

ネットの上を床と平行に飛ぶよう強く打つショット。相手の返球も早くなるのですぐに体勢を整える必要がある。

実戦でこう使う！

▼

ミスを誘う

相手の頭上横をストレートで狙うと、右利きの相手をラウンドでとるかバックでとるかで迷わせミスを誘いやすくなる。

▶ **Point**

- ■ 相手の頭上横をストレートで狙い、ミスを誘う
- ■ 次の球への準備を早くする

Extra

フォア奥が狙われやすい理由

選手のレベルが高くなるとバック奥よりフォア奥のほうが狙われやすい。バック奥は体のひねりなどを使って全身で移動しやすいのに対し、フォア奥はほぼ下半身で移動するので脚力を必要とするからだ。

11 バック奥からのショットの種類

▶ ハイバックと、ラウンド・ザ・ヘッドを使い分ける

1 ハイバック

バック奥にきた羽根を相手に背中を向けて打つショット。基本的なショットのなかでは難易度が高く、相手コートを見ずに打つのでコントロールが非常に難しい。ショットの種類、羽根の軌道はフォア奥から打つショットとほぼ変わらない。

実戦でこう使う！

▼

ていねいにつなぐ

難しいショットなので自信がない場合はクリアーやカットでていねいにつなぐ。自信がある場合はスマッシュなども使っていこう。

▶ **Point**

■ 打点は顔の横あたりにする
■ 相手を見ずに背中を向けて打つ
■ 難しいショットなので練習あるのみ

⚠ 打ち分けに注意

バック奥へ打たれたとき、低い打点で打つならハイバック、高い打点で打つならラウンド・ザ・ヘッドと状況を判断して使い分けよう。

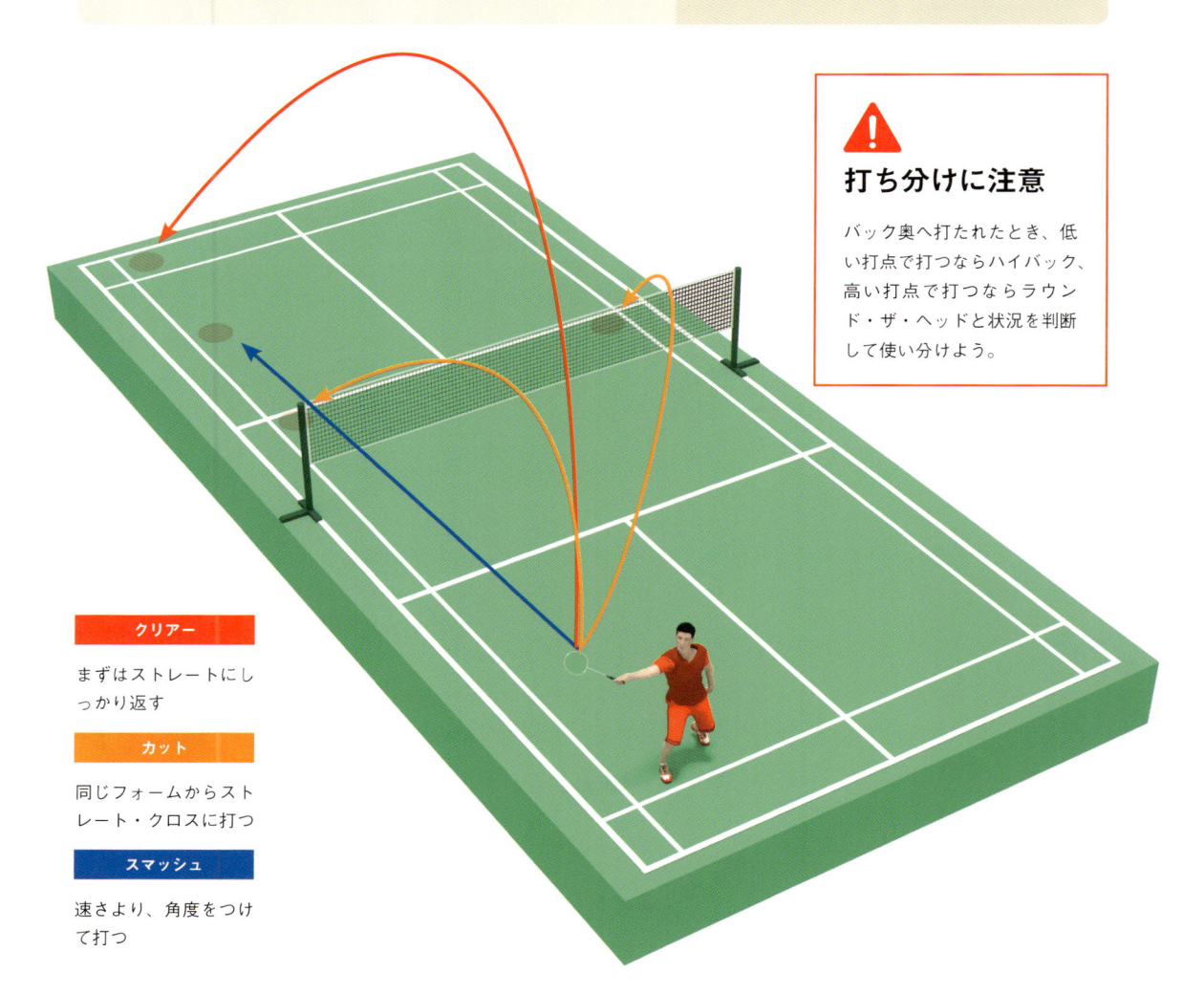

クリアー
まずはストレートにしっかり返す

カット
同じフォームからストレート・クロスに打つ

スマッシュ
速さより、角度をつけて打つ

2　ラウンド・ザ・ヘッド

バック奥にきた羽根を頭上の左側から打ち返すショット。上級者になるとエース級の多彩なショットが打てるので、逆に相手を追い込もうと不用意にバック奥に打つと一気に反撃される可能性がある。

実戦でこう使う！
▼
クリアーは
クロスも見せる

追い込まれた体勢（上半身が反った状態）でもクロスクリアーをしっかり奥まで打てると、一気に反撃のチャンスができる。

実戦でこう使う！
▼
カットは
クリアーと思わせる

追い込まれた体勢でカットを打つと相手はクリアーと思い込み騙されやすい。リバースカットでも有効。

実戦でこう使う！
▼
スマッシュは
クロスハーフを
決め球に

相手がバック奥にロブを打ってきたら、素早く落下点に移動しクロスハーフに打つと決まりやすい。

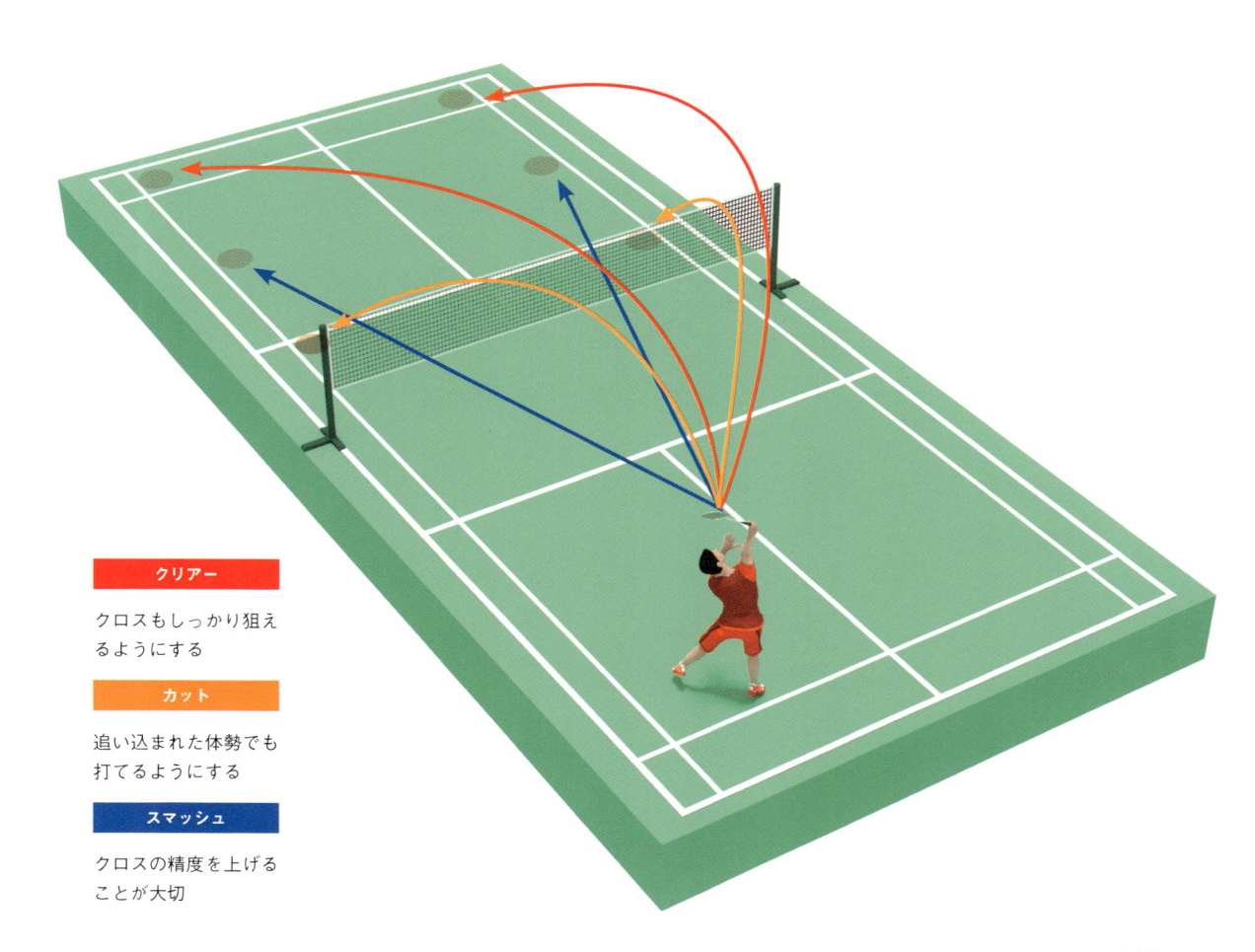

クリアー

クロスもしっかり狙えるようにする

カット

追い込まれた体勢でも打てるようにする

スマッシュ

クロスの精度を上げることが大切

12 ハーフショットの種類

▶ **基礎打ちにはない大切な " つなぎ球 "**

1 打点が高いとき

ネットより打点が高い場合、スマッシュやドライブなど攻撃的な球が打ちやすく、連続攻撃を仕掛けていく形が理想的。

実戦でこう使う！
▼
連続攻撃に徹する

相手のポジションを確認し、前に落とすか強打するかを素早く判断すること。連続攻撃する状況をそのまま保つ。

▶ **Point**

■ 相手2人の間も有効
■ 相手の位置を確認し攻める
　状況をキープする

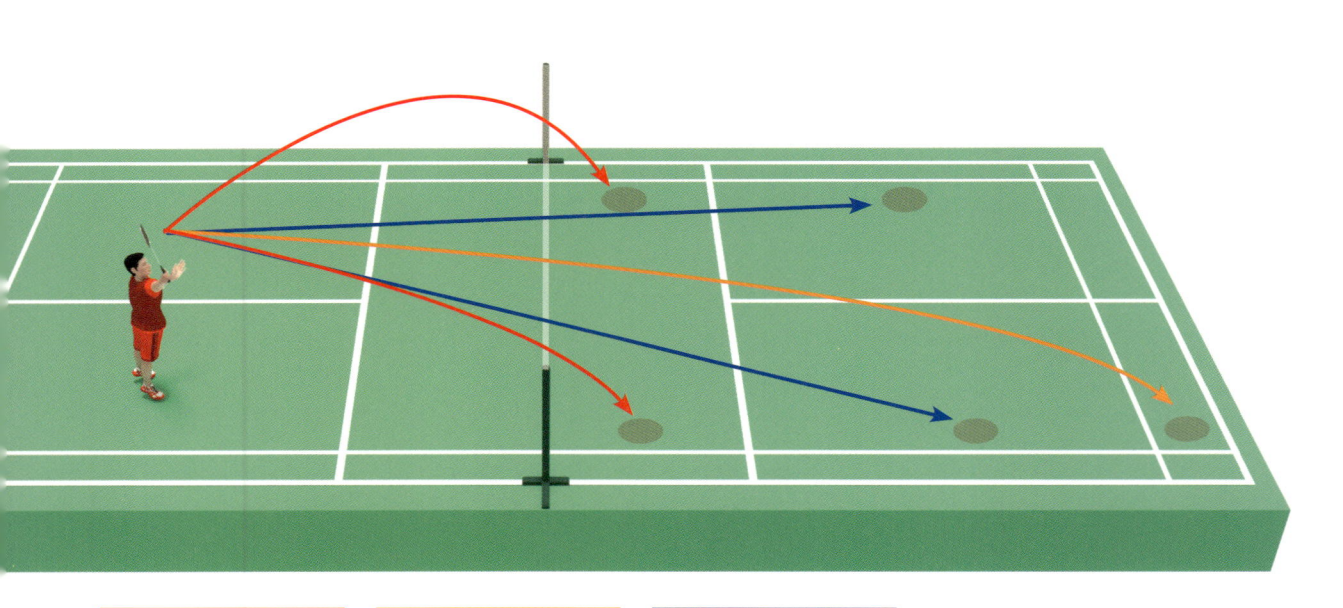

ドロップ・カット	ドライブ	スマッシュ
オープンスペースを狙って落とす	打ち返しにくいコースを狙う。2人の間も OK	球を沈めるよう意識して連続攻撃をキープする

check

軌道

ハーフショットとはダブルスで相手がハーフに打ってきた球を返球するショットのこと。ネットより打点が高ければネットを越えて沈む攻撃的なショットを打ちやすいが、ネットより打点が低いと、相手に攻撃させない配球テクニックが必要となる。

2 打点が低いとき

ネットより打点が低い場合、ロブやネット、ハーフなど守備的な球が多くなり、コースの精度が低いと反撃されやすい。

実戦でこう使う！

相手に下からとらせる

ネット前を狙う場合は山なりに打ち相手前衛に下からとらせるコースを、ハーフから奥側を狙う場合は前衛に捕まらないコース、高さを狙って精度よく打ち、反撃のチャンスをつくろう。

▶ **Point**

■ **ネット前へ打つときは、山なりで狙う**
■ **ハーフから奥側はコースと高さに注意する**

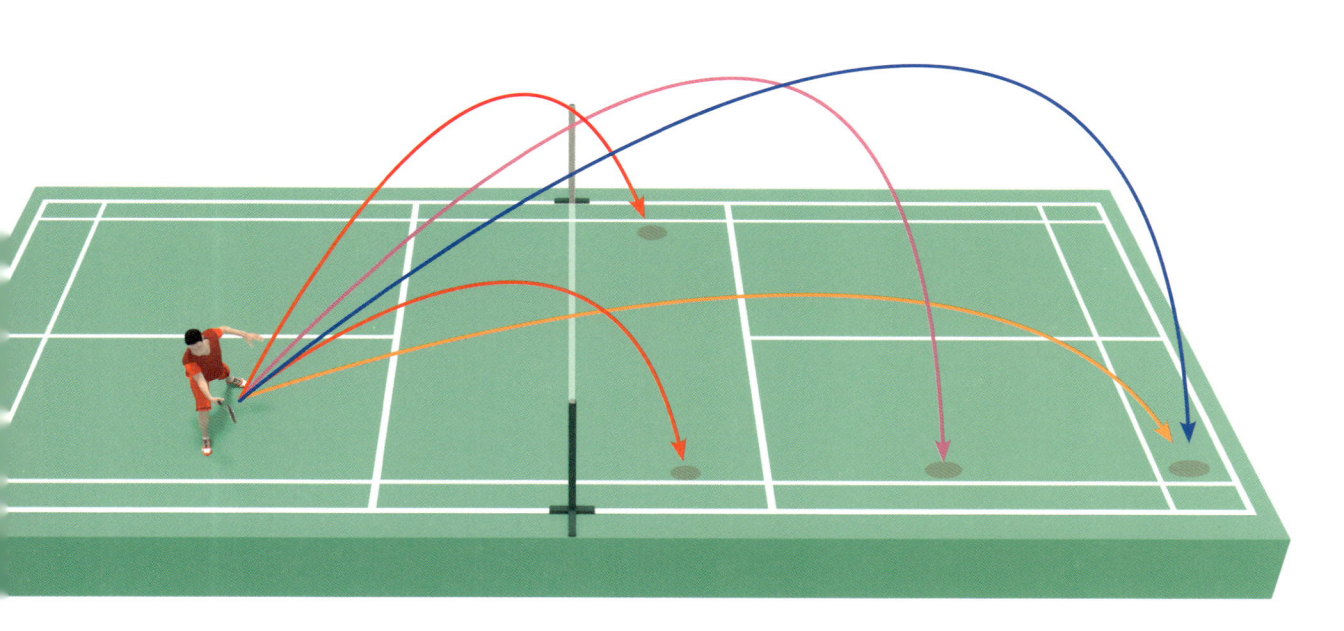

ネット	ドライブ	ハーフロブ	ロブ
オープンスペースを狙って落とす。精度が重要	強く打たず、コースをしっかり狙う	コース、高さに注意し前衛・後衛の間に落とす	前衛を抜き、後衛を走らせるコースを狙う

第 2 章

シングルスの戦術

1対1で戦うシングルスは、
広いコートを一人でカバーしなければならない。
そのため戦術を立てる際には、
いかに相手にいい体勢で打たせないかを考えることが重要になる。
戦術の引き出しを増やし、
相手の特徴や状況に合わせて適切に繰り出そう。

13 シングルス考

▶ 自分を知り、相手を知って戦う情報戦である

勝利の３原則

シングルスの戦術を立てるためには、まず自分を知り、対戦相手をよく知ることだ。当たり前だが、シングルスは１人でコートをカバーしなければならない。ダブルスなら自分が球をとれなかったときパートナーがカバーしてくれるが、シングルスは必ず自分でとりにいかなくてはならない。

だからこそ、自分は何が得意で、相手に何が通用するかを見つけなければ勝てるチャンスを逃してしまうだろう。自分と相手の力量を比較して何なら通用するか、何に気をつけるべきかを見つけ出し戦術を立てる必要がある。そして最後の局面でどう競り勝つか、これも経験値が影響する大きな部分だ。

これらをふまえると、勝つための原則として次の３点が導き出せる。

第１原則　自分のコンディションを分析せよ

試合にのぞむ前に、まず自分はどんなプレーが得意で苦手なのか、知らなければならない。基本的には、得意なプレーで勝ちにいくのがよいだろう。しかし、すべての局面で相手より勝っていればいいが、往々にして自分は攻撃力で勝っていても、相手よりスタミナ面で劣っているなど部分的な優劣がある。得意なプレーを出せないこともあるのだ。さらに日によって体調や球の打つ感覚は異なり、試合が長引けば疲労がたまりミスが増えることもある。ミスが多くなってきたと気がついたらラインの内側ギリギリを狙うのではなく、単にコートの内側に入れていくなど微調整していくことも戦術だ。

つまり、どんな作戦でいくかと考えた時点で、自分の特性に加え、自分のコンディションも正確に把握しなければならないということだ。コンディションは徐々に変わるので、ミスせず相手コートに返すためには、そのときの自分に合ったショットを選択しなければならない。試合前には自分の体調をしっかり確認し、基礎打ちではカットやネットなど繊細さが求められるショットの感覚を確かめ、調子を測るのがよい。もともと持っている自分の特性と、その日のコンディションを考慮して自分のプレーを決めていこう。

■ 第１原則の検討項目

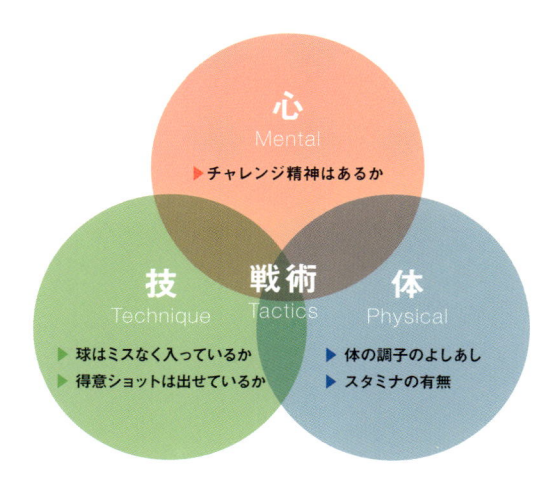

心 Mental
▶ チャレンジ精神はあるか

技 Technique
▶ 球はミスなく入っているか
▶ 得意ショットは出せているか

戦術 Tactics

体 Physical
▶ 体の調子のよしあし
▶ スタミナの有無

第2原則 相手のコンディションを分析せよ

　自己分析ができたら、次に対戦相手の分析もしていこう。まず試合の前に対戦相手のプレーをチェックしたり、対戦したことのある人に、どんなショットがよかったかなどを聞いておいてほしい。さらに諦めやすいか粘り強いかなど、性格も知っておくとよい。

　このように事前に情報を集めておくと、相手の得意技を封じ、弱点を突くための戦術が早い段階で立てやすい。もし相手に得意ショットを打たれても、焦らずに済むだろう。

　ただし、実際の試合になると前もって得た情報との誤差はつきものだ。自分のコンディションが毎日違うように、相手のコンディションも異なる。大切なのは実戦から得る情報で、より効果的な戦術に変えていくことである。

第3原則 勝負どころで流れを引き寄せる

　理想的な試合展開としては、まず1ゲーム目の後半までに相手のプレースタイル、得意・不得意なショット、苦手な動き方はないかなど、できるだけ多くの情報を集める。そして1ゲーム目の終盤でフットワークのスピードを上げて先制し、2ゲーム目は集めた情報を組み合わせながらリードし勝利できればベストだろう。

　しかし、強い相手ともなると相手側もこちらの情報を集めているので、なかなか思うようにいかず終盤まで競ることも多い。そのような状況になったときのために、得意なショットや展開は試合の勝負どころまで残しておき、点数のほしい場面で使って流れを引き寄せよう。

　強い選手はこの終盤の駆け引きや試合運びが非常にうまい。数多くのきわどい局面を経験しているからこそ、どんなきわどい場面でも何をすべきか冷静に判断できるのだ。自分と対戦相手の分析、そして最後の局面の試合運びを学ぶことがシングルス強化の近道となる。

■ 相手と自分のコンディション把握のためのフローチャート

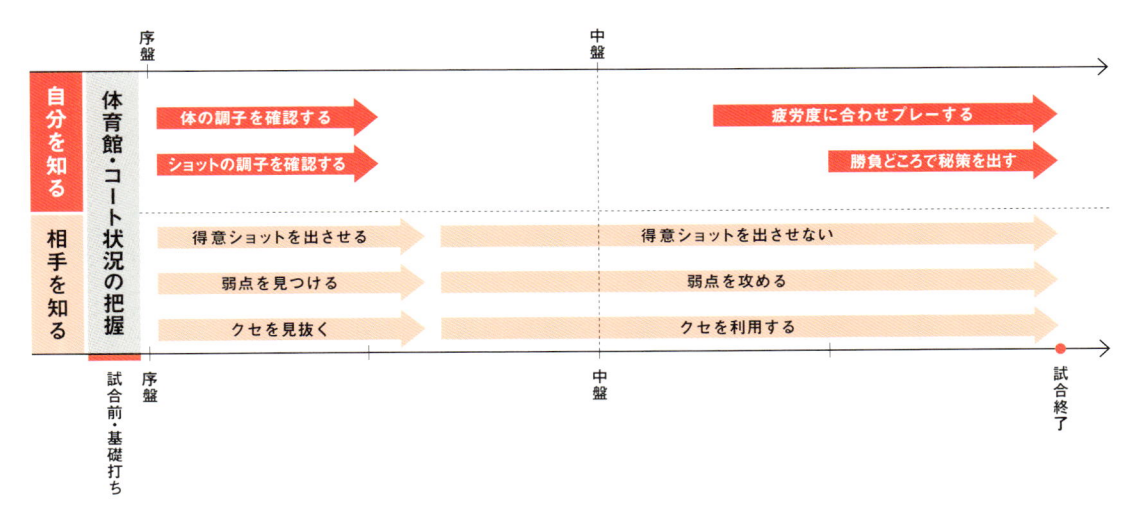

14 コート上の立ち位置

▶ 状況に合わせてより有利な位置へ

1 サービス時

ショートサービスならショートサービスラインのやや後ろあたり、ロングサービスなら、さらに後ろが基本になる。

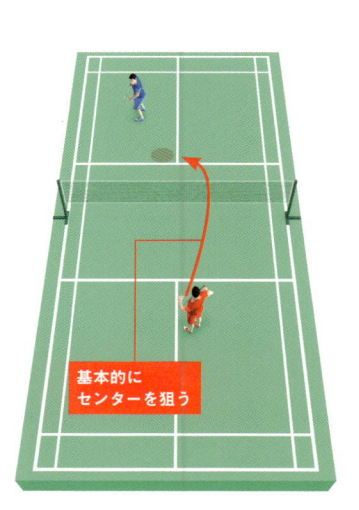

基本的に
センターを狙う

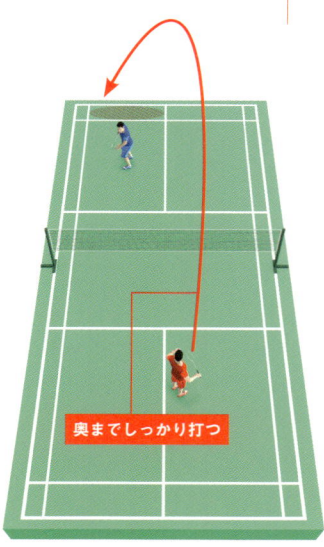
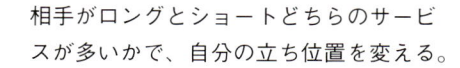

奥までしっかり打つ

ショートサービス主体の場合（左図）

男子に多いパターン。サービス後、相手の返球が早いのでコートの中央にすぐ移動できる位置がよい。

ロングサービス主体の場合

女子に多いパターン。サービス後、相手が打つまで余裕があるのでサービスが打ちやすい位置がよい。

2 サービスレシーブ時

相手がロングとショートどちらのサービスが多いかで、自分の立ち位置を変える。

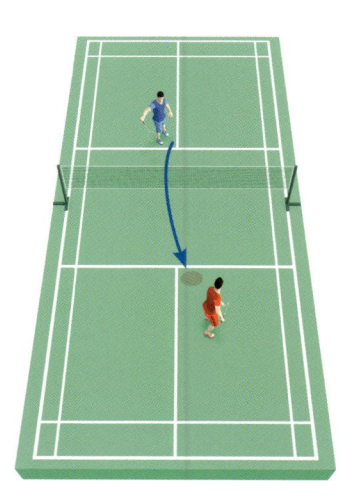
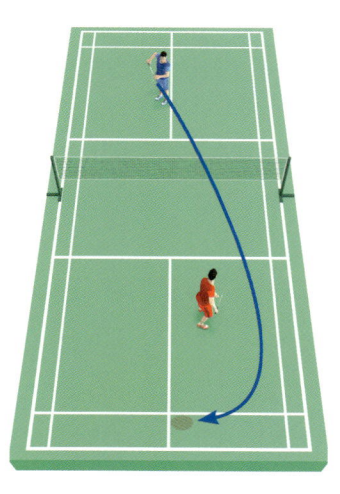

相手がショートサービス主体の場合（左図）

基本的にはハーフ付近のセンター寄りに立つ。終盤などで、相手がドリブンサービスを打ちそうなときは、少し後ろにしよう。

相手がロングサービス主体の場合

ショートサービスのときの立ち位置よりやや後ろに立つ。相手の構えがショートになったら立ち位置も合わせて少し前に変えるとよい。

3　ラリー時

ラリー中、自分が打ったあとホームポジションの位置は相手の打つ位置やショットで変える。横軸は相手の打つ位置側に、縦軸は相手の打つショットによって変化する。

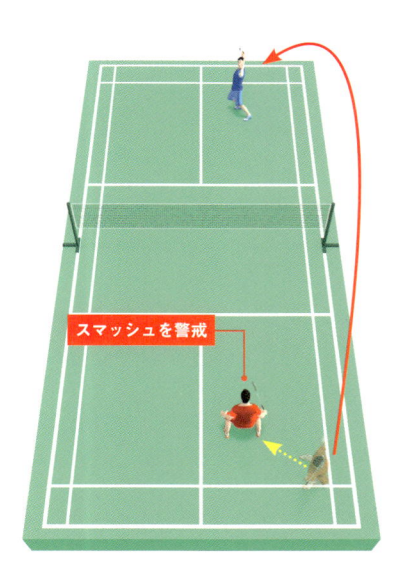

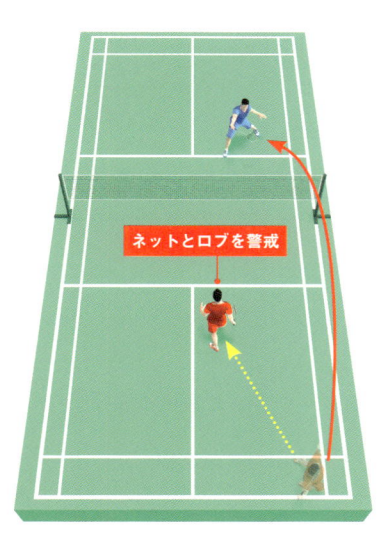

相手がネットより上から打つ場合（左図）

スマッシュやドライブなど速いショットに備え、両足を横にして構える。位置は相手側に寄り、中央より少し後ろ。

相手がネットより下から打つ場合

相手ショットはネット前か奥側にしかこないので基本的に利き足（右足）を前にして構える。立ち位置はセンターあたり。

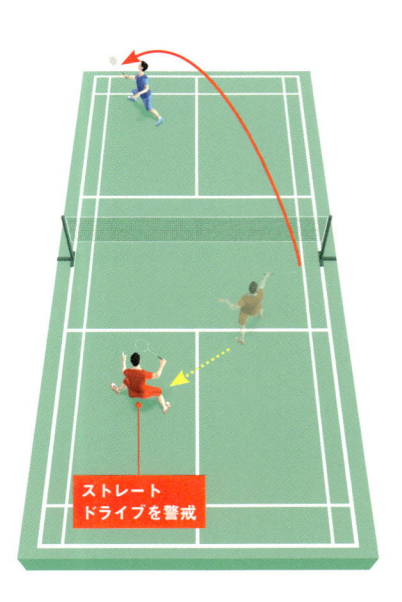

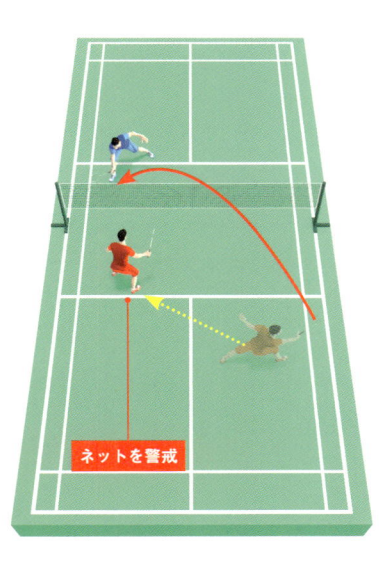

フォア奥へ追い込んだ場合（左図）

ストレートドライブを警戒し、クリアーやドライブにすぐ対応できるよう構える。立ち位置はセンターから相手側に寄る。

ネット前へ追い込んだ場合

相手を前に追い込んだときは、さらに厳しいネットを警戒し立ち位置もネット前に寄る。クロスネットにも対応しよう。

15 フォアハンド・サービスで流れをつかむ

▶ どのサービスを選ぶかでラリーの内容が決まる

1 ロングサービス

相手コートの奥に高く打ち上げ、垂直に落ちるようなサービス。強力なスマッシュを武器にする相手にはあまり向かない。主に女子選手に使われている。

わざと打たせる
戦術も使う

レシーブに自信があるなら相手のスマッシュを誘うサービスにし、レシーブでカウンターを狙う手もある。

距離の調整は
立ち位置を変える

バックアウトしてしまう場合のコントロールは、力加減ではなく立ち位置を変えて調整しよう。

2　ショートサービス

相手のショートサービスライン付近に打つサービス。ドリブンサービスと同じフォームで打つ。

後ろからの視点

▲横から打つと浮きにくい

Point

浮かないようにする

ロングサービスのように下から打つのではなく、羽根を横に落とし、横から打ち出すことでネットから浮かないようにしやすい。

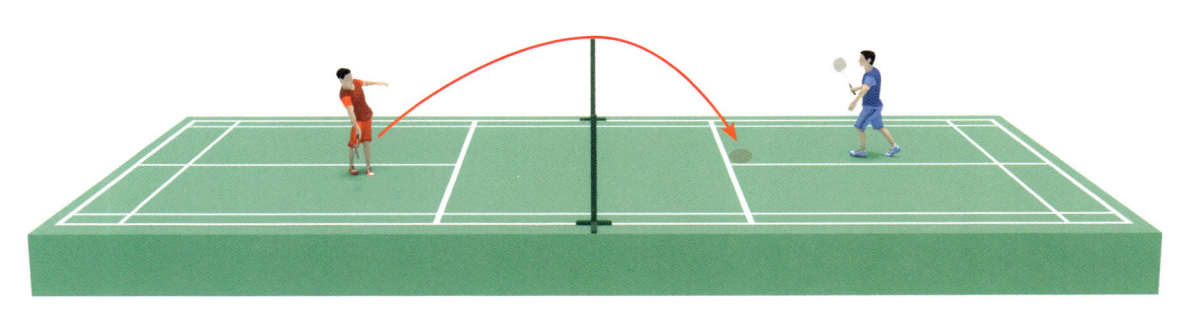

3　ドリブンサービス

相手コートの奥へやや低い軌道で打ち、後ろに走らせながら打たせるサービス。ショートサービスの構えから、流れを変えるときに使うことが多い。

Point

届かない高さで

相手の構えている位置からジャンプして手を伸ばしても届かない高さの軌道でコート奥を狙うとよい。軌道が低いとカウンターされてしまう。

Point

1点がほしいときに使う

中盤すぎの競った場面で流れを変えたいときに使うとよい。ショートサービスと同じフォームから打つこと。

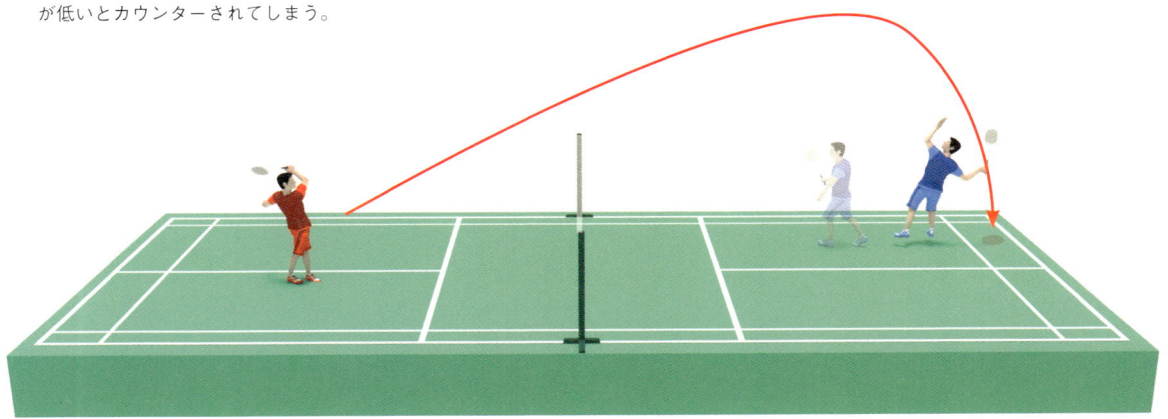

16 バックハンド・サービスで流れをつかむ

▶ ショートサービスの主流はバックハンド

1 ショートサービス

相手のショートサービスラインに打つショット。シングルスの場合は、ダブルスほどネット際の高さを狙わなくていい。

Point

基本はセンター側に打つ

センターに打つことで、次に左右どちらに返球されてもホームポジションから距離が同じなので返しやすい利点がある。

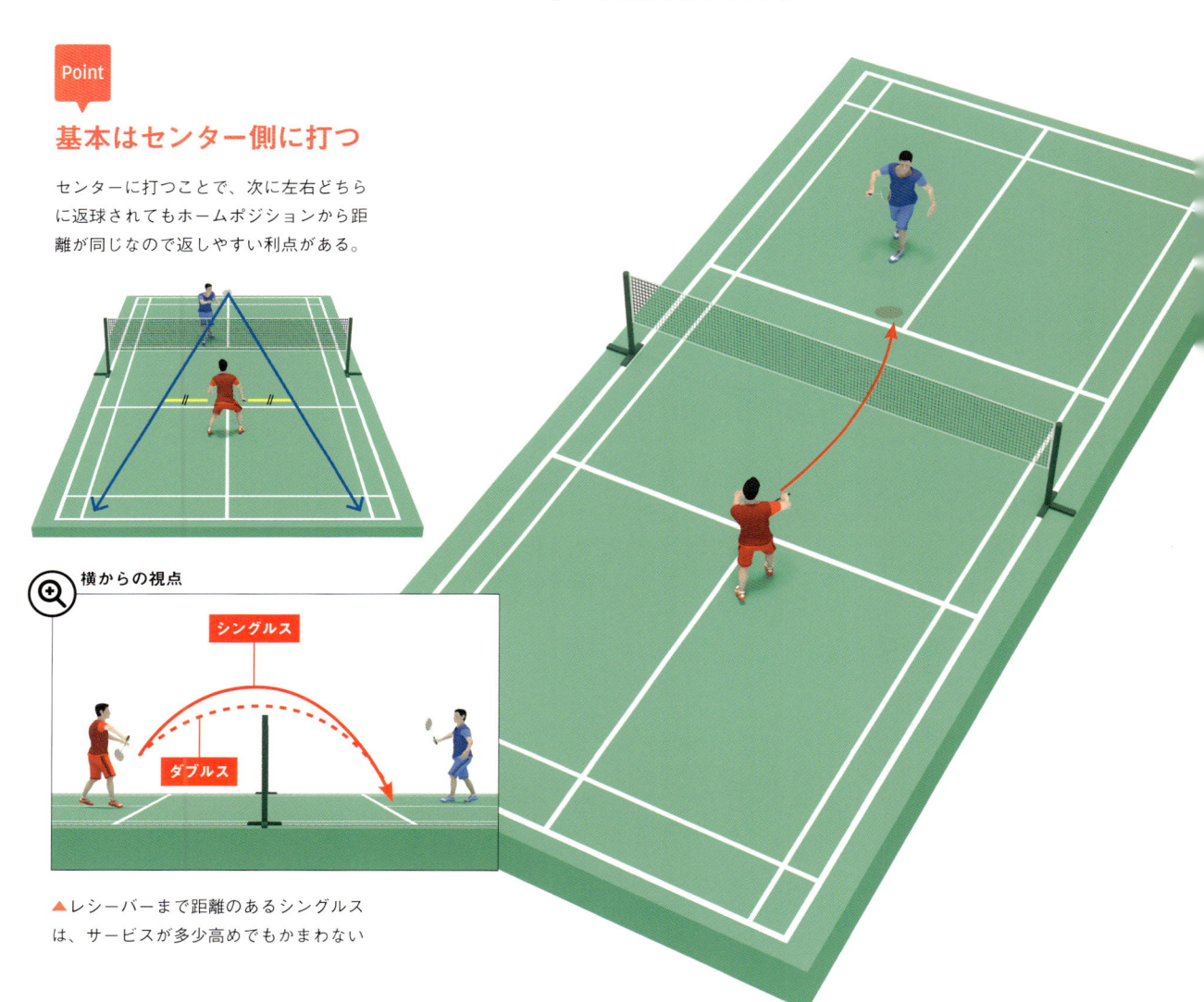

🔍 **横からの視点**

シングルス
ダブルス

▲ レシーバーまで距離のあるシングルスは、サービスが多少高めでもかまわない

Extra

男子はショートサービスが主流 ?!

バックハンドは相手に打つタイミングを読ませにくいが、必ずしもバックハンドにこだわる必要はない。男子はショートサービスが主流と言われるものの、強打しない相手にはしっかりロングサービスを打つほうが効く。

2　ロングサービス

ドリブンサービスに近い軌道になるショット。コンパクトに強く打つ必要があり、軌道が低くなるとカウンターを打たれやすい。

3　長めの　ショートサービス

ショートサービスよりやや球足の長いサービス。ショートサービスに慣れた相手が下から打とうとして、利き腕の肩あたりに速い球がくるときの打ちにくさからミスを誘う。

Point

使うタイミングはさまざま

ショートサービスの合間に打ち、相手を惑わすのもよし。意図的に何度も使い、ドライブを誘って低い展開にするのもよい。

 サービスのミスは厳禁

サービスでミスすると、簡単にゲームの流れが悪くなり、その後も立て続けにミスすることも少なくない。とくに終盤で競っているときのサービスミスは絶対に避けたい。

17 サービスレシーブで流れをつかむ

▶ 有利な状況をキープする

1　ロングサービスの返球

まずは一発で決めようとはせず、ミスをしないようラリーするのがよい。相手のプレースタイルを確認するイメージで配球しよう。

Point

厳しいコースは狙わない

ラリーしていくことを優先するため、あえてコーナーを狙わず、やや内側のコースを狙うといい。

Point

相手の情報をつかむ

序盤は大きめの展開でラリーし、相手の得意なショットや苦手なショットを見極めていこう。自分からミスをしてしまうと情報が得られない。

コート左側からの返球

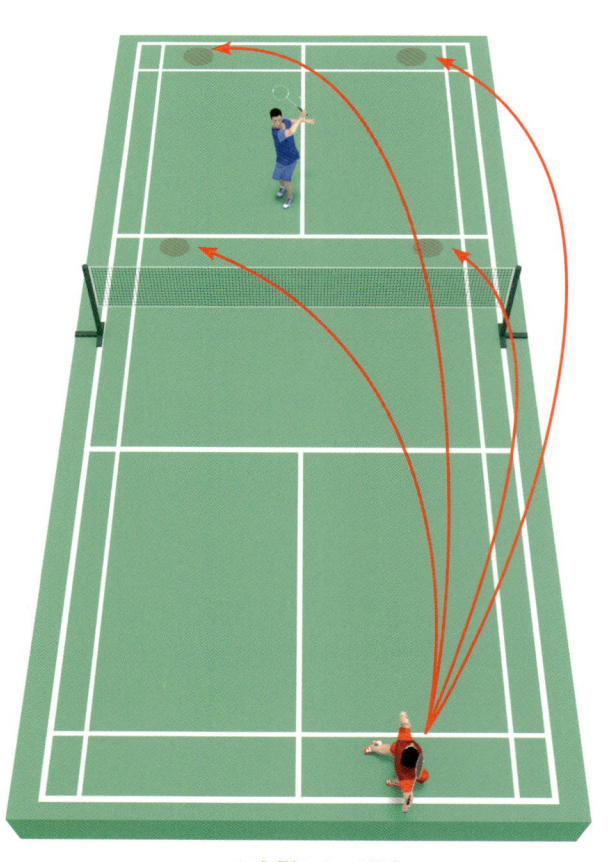

コート右側からの返球

2 ショートサービスの返球

ロングサービス同様、まずはミスをしないで返すこと。返球は主に4箇所なのでそれぞれのポイントを確認し、使い分けていく。

 Point

A、B、Cを組み合わせて配球

フェイントを入れながらABCに配球すると相手はわかりづらい。同じところにばかり打たないようにする。

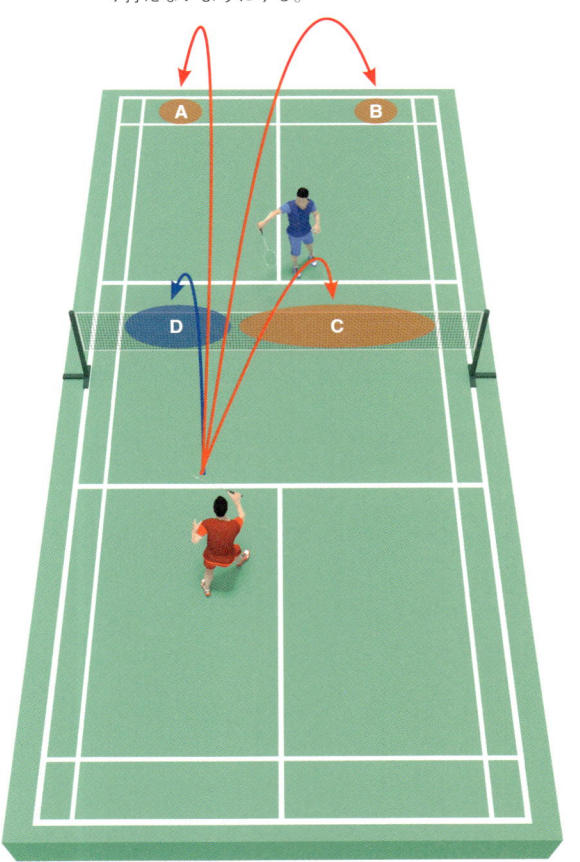

コート左側からの返球

 Point

Dはミスをしやすいので注意！

Dは少しコントロールが難しいので、もし序盤でミスをしたら、終盤の競った場面などでは、使わないほうが賢明だ。

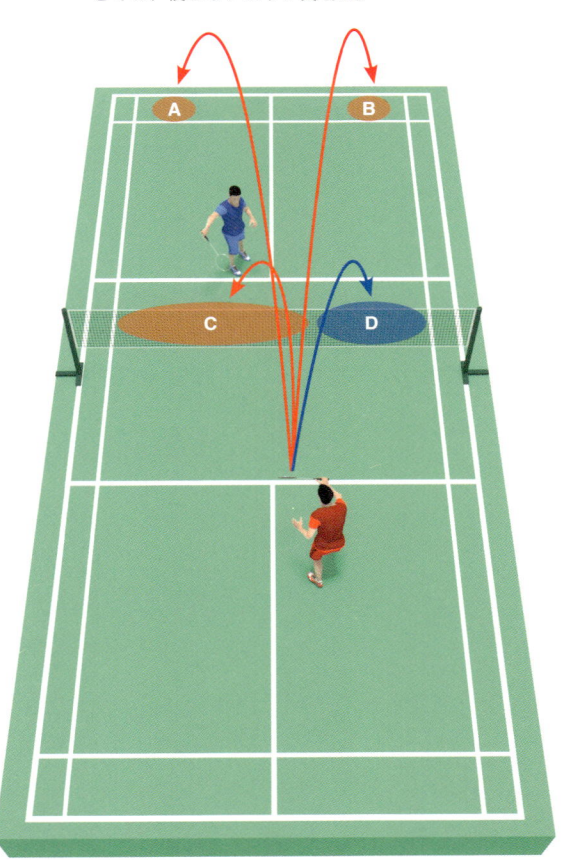

コート右側からの返球

 サービスレシーブもミスは厳禁

サービスのミス同様、サービスレシーブもミスは厳禁だ。この場合も精神的な動揺が大きくなり、立て続けにミスをしやすくなるので注意しよう。

18 基本的なショットを打ち分ける

▶ 同じフォームから打ち分けるショットの組み合わせ

 打ち分けのコツ

相手にショットを読ませないために、同じフォームからさまざまなショットを打ち分けることはシングルスの基本だ。素早く球の下に入って打つ準備をし、いい体勢で打つことが、相手にショットを読ませないためのコツ。

1 コート後方からのオーバーヘッド

オーバーヘッドから打ち分けるために、最初に振りの似ているクリアーとカット、次にスマッシュとドロップの打ち分けを覚えたい。

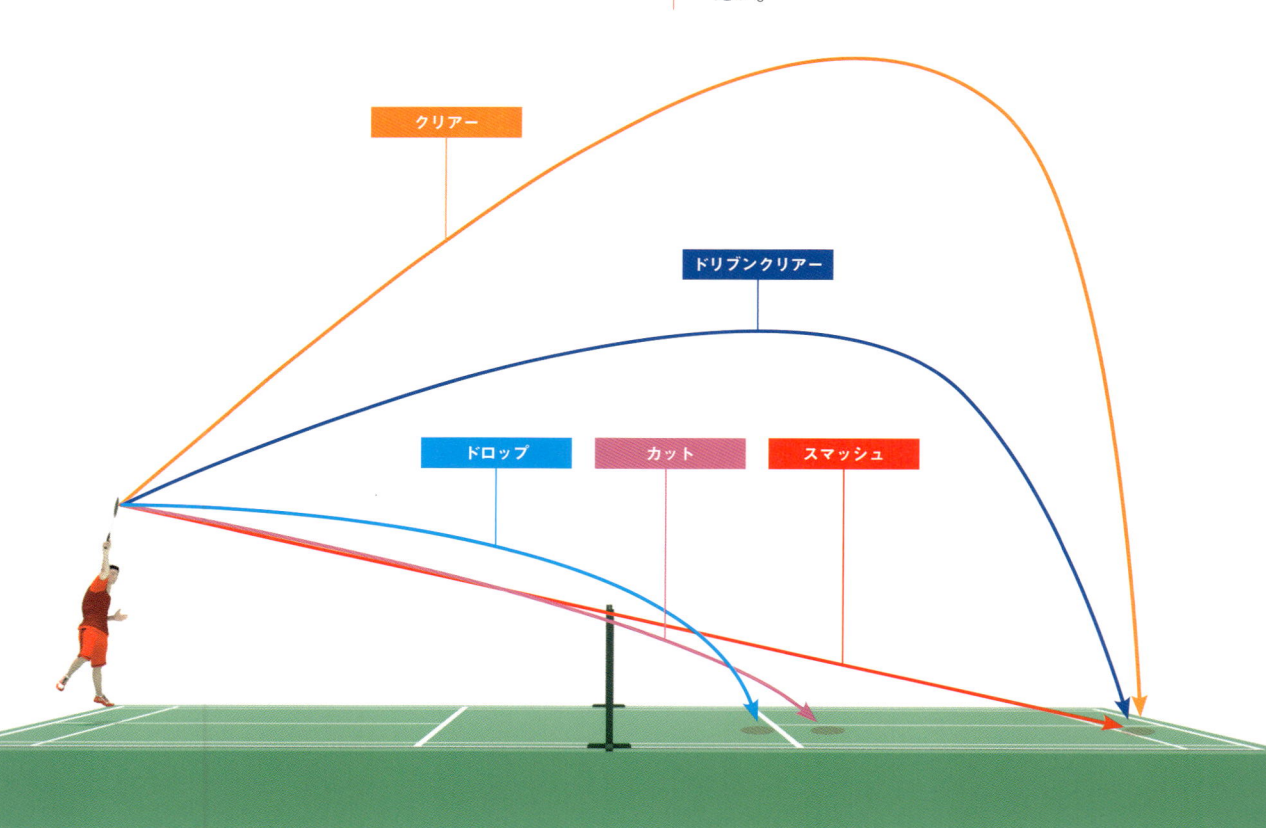

打つタイミングを変えるとさらにフェイント効果が高くなる

➡詳細は P60

2　コート中盤からのショット

ネットより上ならスマッシュ、ドロップ・カット、ドライブ。ネットより下ならリフトネット、ロングネット、ロブがある。素早く動いて打つことが重要だ。

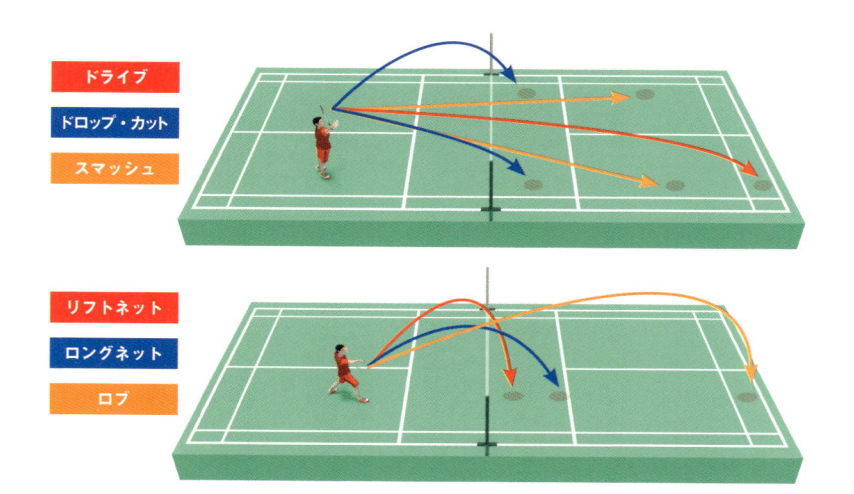

ドライブ	
ドロップ・カット	
スマッシュ	

リフトネット	
ロングネット	
ロブ	

Point

球を沈ませる

ネットから浮くと、カウンターで返されるので、ネットを越えたら沈むように打つ。オープンスペースや、体まわりの打ちづらい箇所を狙うとよい。

3　ネット前からのアンダーハンド

ネット前からアンダーハンドで打つとき、ネットとロブの打ち分けをして相手を前後に揺さぶろう。攻撃場面をつくるための基本戦術だ。

Point

動き始めから打つ準備をする

球の下に入ってからラケットを目の前に出すのではなく、動き出した瞬間から体の前にラケットを差し出して準備をする。

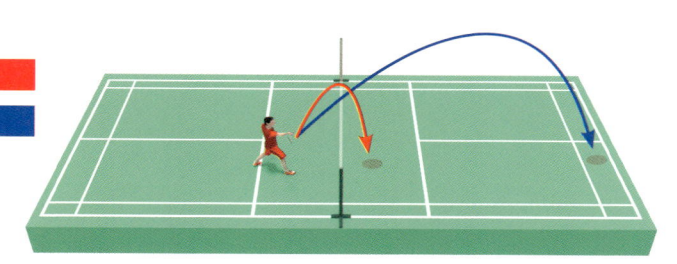

ネット	
ロブ	

4　ネット前からのアタックショット

ネット前からオーバーヘッドで打つとき、プッシュ、ブロック、さらにドライブの3つがある。素早いタッチが重要だ。

Point

一発で決まると思わず次の準備を

素早いタッチならフェイント効果も高いが、少しでも遅れるととられてしまうので、打ったあと、次の準備を早くしよう。

ブロック	
プッシュ	
ドライブ	

19 相手の構えで攻め方を変える

▶ 動きにくい方向へ球を打つ

　相手がホームポジションで構えているときの前足をチェックし、その構えから動きにくい方向へ配球する。そうすることで、カウンターなど速い攻撃は受けにくくなる。

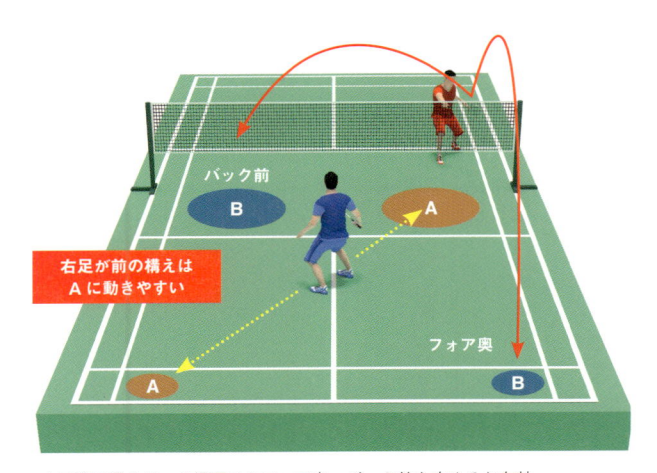

右足前で構えている場面ではフォア奥、バック前を攻めると有効

自分の視点

check

Aに動いたあとは右足が前なので、動きにくいBを狙う

左足前で構えている場面ではバック奥、フォア前を攻めると有効

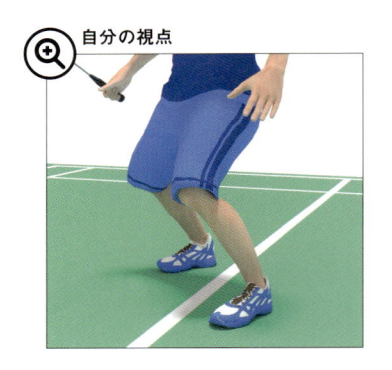

自分の視点

check

Bに動いたあとは左足が前なので、動きにくいAを狙う

 AからA、BからBを狙う場合は注意

タイミングを外すと効果はあるが、コースを読まれるとカウンターされることもある。

20 相手の戻り方のクセを利用する

▶ フォア奥・バック前から戻り方をチェック

　基本的な構えをすべて右足前にしてしまう選手はフォア奥、バック前からの戻りにもクセが出やすい。そのクセを利用して攻めると相手の動き出しが遅くなり、ミスを誘いやすくなる。

check

フォア奥からの戻りで右足前になる場合

フォア奥から相手が戻るとき、右足前で構えてしまうタイプなら再度フォア奥を攻めることで、遅れやすくなる。

check

バック前からの戻りで右足前になる場合

バック前から相手が戻るとき、右足前で構えてしまうタイプなら再度バック前を攻めることで、遅れやすくなる。

⚠ **自分の動きも確認する**　自分も無意識のうちにこのパターンで攻められている可能性もある。練習で確認しておこう。

21 打つタイミングを変えて仕掛ける

● 相手の戻りのフットワークを見て、リズムを外す

　相手のリズムを外すことで、効果的な攻撃を仕掛けることができる。そのためにポイントになるのは、球を打ち返したあとの相手のフットワークだ。ラリー中の球を打ったあとの動きは基本的に、1ホームポジションへ戻り始める、2返球を見極めながら移動、3ホームポジションに足を着地、の3段階。この動作のあとに、返球を打つための動きを開始する。

　1 2 3のタイミングのうち、相手のリズムを崩しやすいのは1と3。ホームポジションへの戻り始めと戻った直後を狙うことで、相手のスキを突くことができる。通常のリズムである2でラリーを展開しつつ、攻撃を仕掛けたい場面では1と3のタイミングで打つことを織り交ぜると有効だ。

1 ホームポジションへ　戻り始める
2 返球を見極めながら　移動
3 ホームポジションに　足を着地

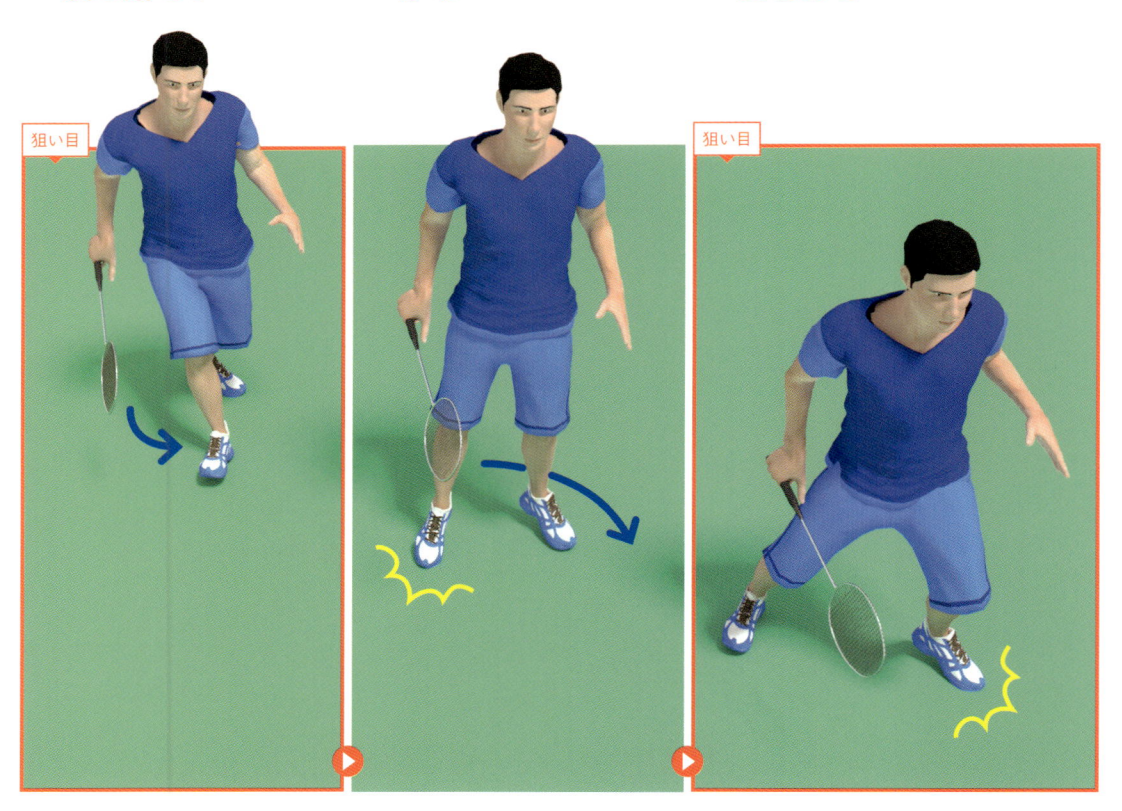

狙い目

狙い目

球を打ち返し、ホームポジションへ歩き出している状態。2よりもワンテンポ早く球を打ち込むと、相手の動き出すタイミングを遅れさせることができる。

一般的なリズムでラリーをしていると、互いにこのタイミングで球を打ち合うラリーになる。

ホームポジションで両足が床についている状態。2よりもワンテンポ遅らせて打ち込むことで、相手の動き出す足を止めることができる。

➡ リズムを外す打ち方は P60

22 甘いフェイントのロブを見逃さない

▶ 相手がラケット面を引いて打ったらチャンス

　フェイントが得意でない選手、または得意でも疲れてきた選手は、打つ直前にラケットを引いてしまいがちだ。相手がその状況ならショットやコースを読みやすい。

　とくに読みやすいのはバックハンドのロブだ。

　相手がロブを打つとき、打つ直前にラケットを引いていたらほぼストレートにしかこない。ストレートとわかった瞬間に、パッと跳びついて打とう。相手のクセを見切って、ポイントにつなげてほしい。

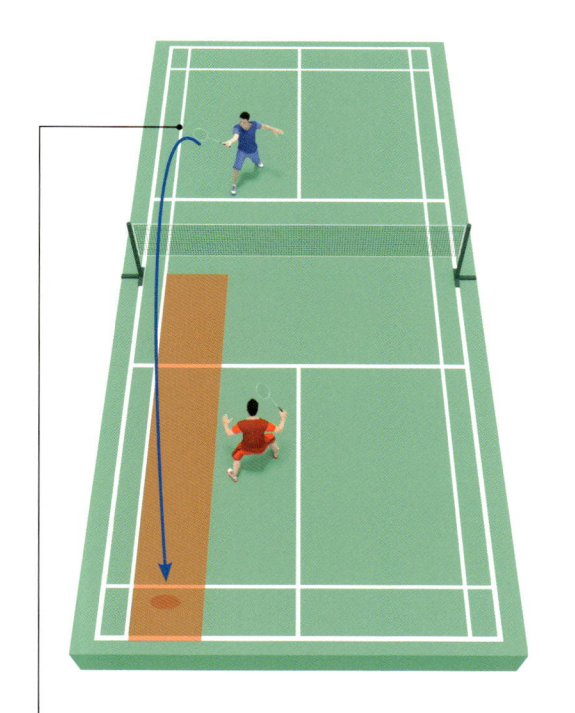

フォアハンド　　　　バックハンド

check ✓

余裕のある選手は ラケットの引きが少ない

相手に余裕のあるときは、ほとんどラケットを引かずに球を打って、コースを見抜かせない。

check ✓

ラケット面を引いていないかチェックする

疲れてくるとフェイントの質が甘くなる。相手がラケットを引いた瞬間、ストレートと判断して羽根に跳びつこう。

23 スマッシュの角度を変えて攻める

▶ 鋭角スマッシュが決まらなくなったらコースを変える

基本的にスマッシュは、高い打点から角度をつけて打ったほうが決定率は高い。しかし、レベルの高い相手には、鋭角スマッシュだけではなかなか決まらない。そこで鋭角スマッシュに意識を向けさせたあと、高めのスマッシュを打ってみよう。

スマッシュを相手コートのハーフに打ったあと、奥に落ちるような高めのスマッシュを打つ。低く構えた相手にとって、高めのスマッシュは対応しにくく、決まりやすい。

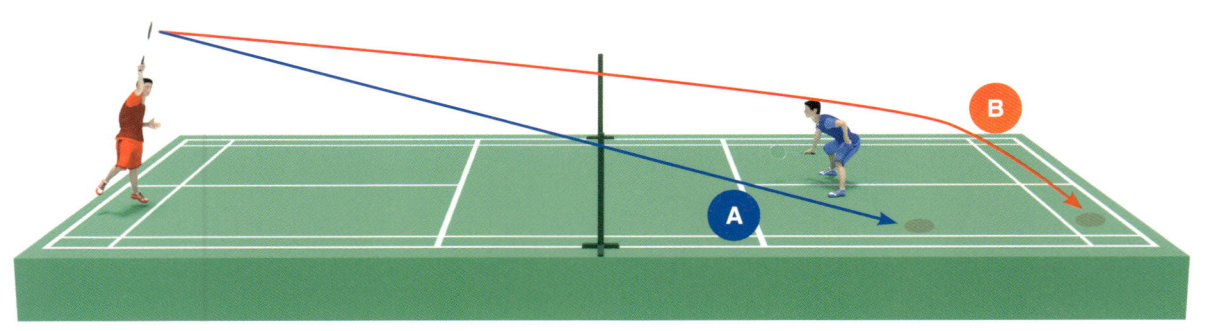

check

高めのスマッシュは全力で打たない

相手のコート奥で失速するように調整して打つ。全力で打たないこと。

Ⓐ 鋭角スマッシュ

球速が速く強力なショットだが、連続で打つと相手が対応してくることも。

Ⓑ 高めのスマッシュ

相手のコート奥で失速するように調整して打つショット。全力で打たないことがポイント。

check

低く構えはじめたら高めに打つチャンス

相手が鋭角スマッシュを警戒し、ラケットを少し下げ、低く構えるようになったら、高めのスマッシュを打って決めるチャンスだ。

🔍 自分の視点

24 スマッシュすべてを全力では打たない

▶ ネットを越えて沈むショットを打つ

　スマッシュは全力で打つものだと思っている人が多いが、全力だと球足が伸びやすい。とくにクロスの場合、コート奥まで球足が伸びやすく、簡単にレシーブされてしまいがちだ。もし、拾われてしまうようなら、ネットを越えて沈むくらいの速さで打ち、ハーフサイドを狙ってほしい。

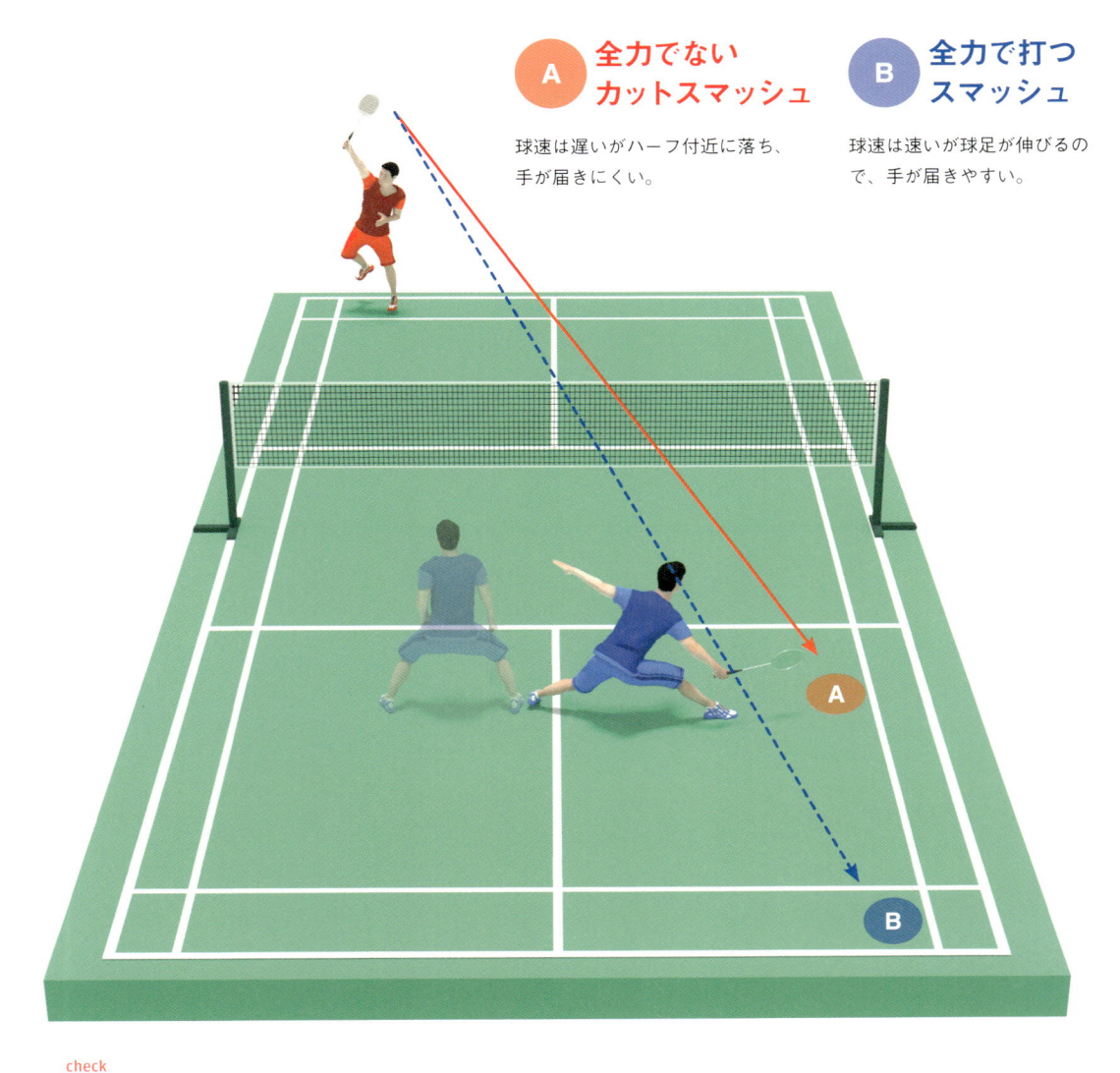

A 全力でない
カットスマッシュ

球速は遅いがハーフ付近に落ち、手が届きにくい。

B 全力で打つ
スマッシュ

球速は速いが球足が伸びるので、手が届きやすい。

check

スマッシュの種類をたくさん持っておく

いくら速いスマッシュでも単調な攻撃だといずれとられてしまう。攻撃に変化を出すことが勝利につながるポイントだ。

25 プッシュと見せかけたショット

▶ 逆をつくショットで相手を翻弄する

相手はネット前で球が浮いてしまったら、「プッシュされる！」と思い、レシーブの体勢を取るだろう。その逆をつくショットを使いさらに相手を翻弄しよう。

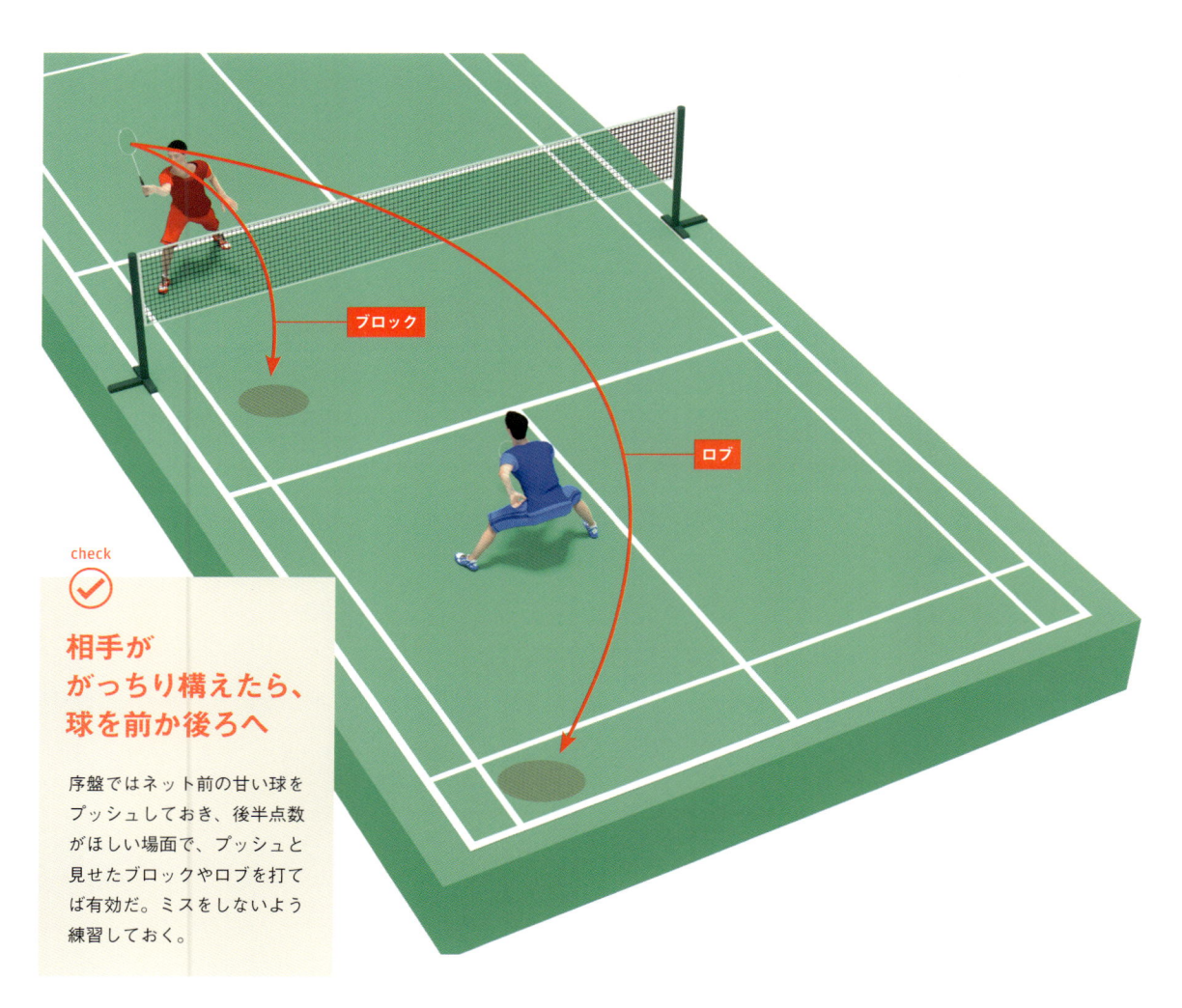

ブロック

ロブ

check

✓

相手が がっちり構えたら、 球を前か後ろへ

序盤ではネット前の甘い球をプッシュしておき、後半点数がほしい場面で、プッシュと見せたブロックやロブを打てば有効だ。ミスをしないよう練習しておく。

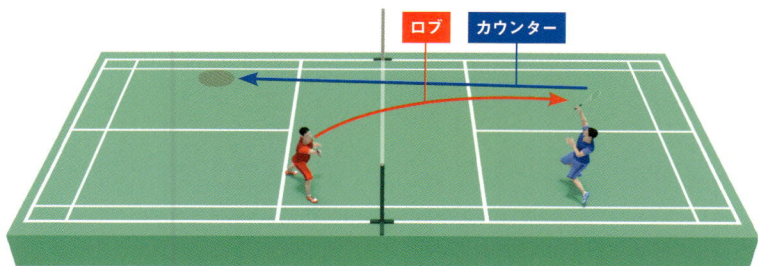

ロブ　カウンター

⚠ ロブの高さに注意

プッシュと見せかけたロブが、甘くなると相手のカウンターを受けるので注意。

26 ネットは羽根の向きを見て打つ

▶ シャトルが垂直になってから打つと安定感が増す

　ネットを打つとき、なるべく高い位置でとるよう教わる人が多い。しかし、羽根が相手コートからネットを越えてきたとき、羽根が床に対し垂直になる前や、ラケット面と羽根の向きが垂直になっていないときに打つとミスが出やすい。

　ミスなく打つには打点は多少下がっても、ラケット面と羽根の向きが垂直になる位置（目安は自分の肩から下）を確認すること。

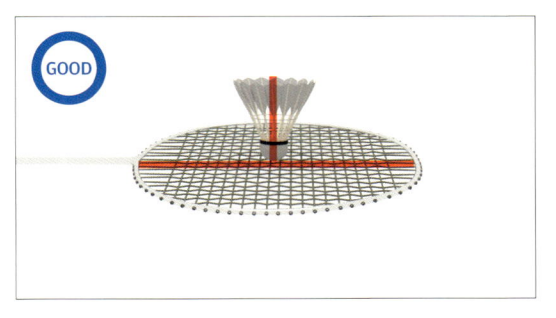

シャトルが垂直になってからヒット

無理に高い打点でヒットせず、シャトルが垂直に落ちてくるのを待ってから打つ。ミスが出にくい打ち方だ。

高い打点から無理に打たないように

高い位置で無理に打つと、面が羽根に対して垂直でなくなり、打球が安定しない。

 ジュニアは要注意！

背の小さいジュニアがネットを打つとき、肩より高い位置でとることが多いが、ミスが増えネットの質も悪くなりやすい。質を上げるなら低い位置でも打てるよう、肩あたりでとらえる練習をしよう。

27 リフトネット・ロングネットを使い分ける

▶ 2種のネットで試合を優位に進める

　ネット前から打つネットショットには、基本の打ち方以外に覚えておきたい戦術的な打ち方がある。自陣に高く打ってネット際に落とすリフトネットと、ショートサービスライン近くに落ちる球足の長いロングネットだ。それぞれ利点と難点があるので、タイミングを見て使い分けよう。うま

く使えば相手にプッシュやスピンネットを打たせないようにできる。

　ただしロングネットは、打つ位置によって使わないほうがよいときもあるので、リスクの高いケースを覚えておくこと。

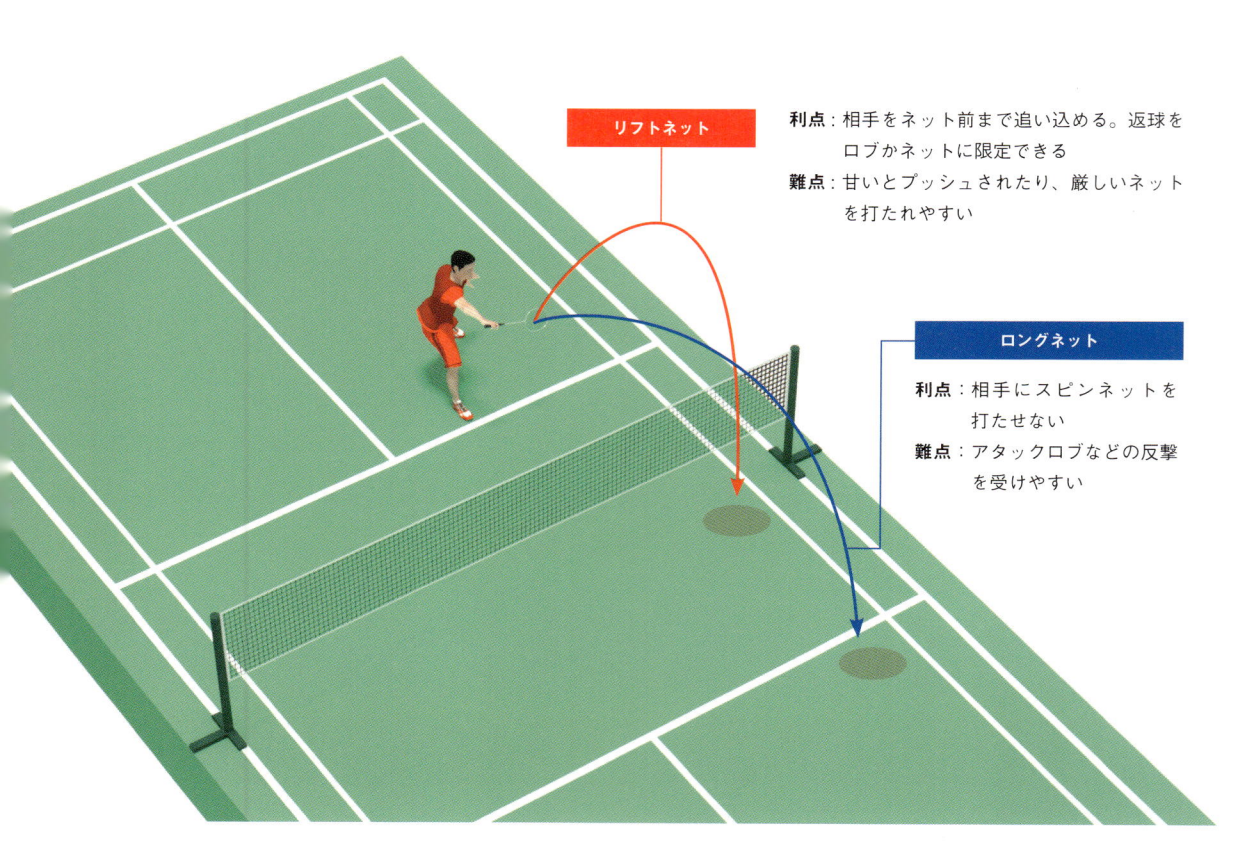

リフトネット

利点：相手をネット前まで追い込める。返球をロブかネットに限定できる

難点：甘いとプッシュされたり、厳しいネットを打たれやすい

ロングネット

利点：相手にスピンネットを打たせない

難点：アタックロブなどの反撃を受けやすい

ロングネットを打てる範囲

ロングネットの注意点

リフトネットは打点をどこでとっても有効打になるが、ロングネットは使える範囲が限られる。ショートサービスライン付近で打ち、打点が低くならないように気をつけること。範囲外で打つとコントロールが難しくなるので注意

28 山なりのカット・ドロップを使い分ける

▶ 体勢を立て直すショットを使う

ラリー中にフォア奥やバック奥に追い込まれたとき、クリアーで立て直すことが多いが、少しでも球が甘くなればただちにカウンター攻撃を食らう。そんなリスクが高いときは滞空時間の長い山なりのカットやドロップを使おう。

ドライブ気味の速いショットを使う選択もある

が、相手からの返球が速くなるため次のショットに間に合わなくなる可能性がある。そこでカットやドロップを山なりに打ち、滞空時間を長くすることで自分が戻る時間や体勢を整える時間をつくろう。ネットを越えるとき浮かないようにするとプッシュされない。

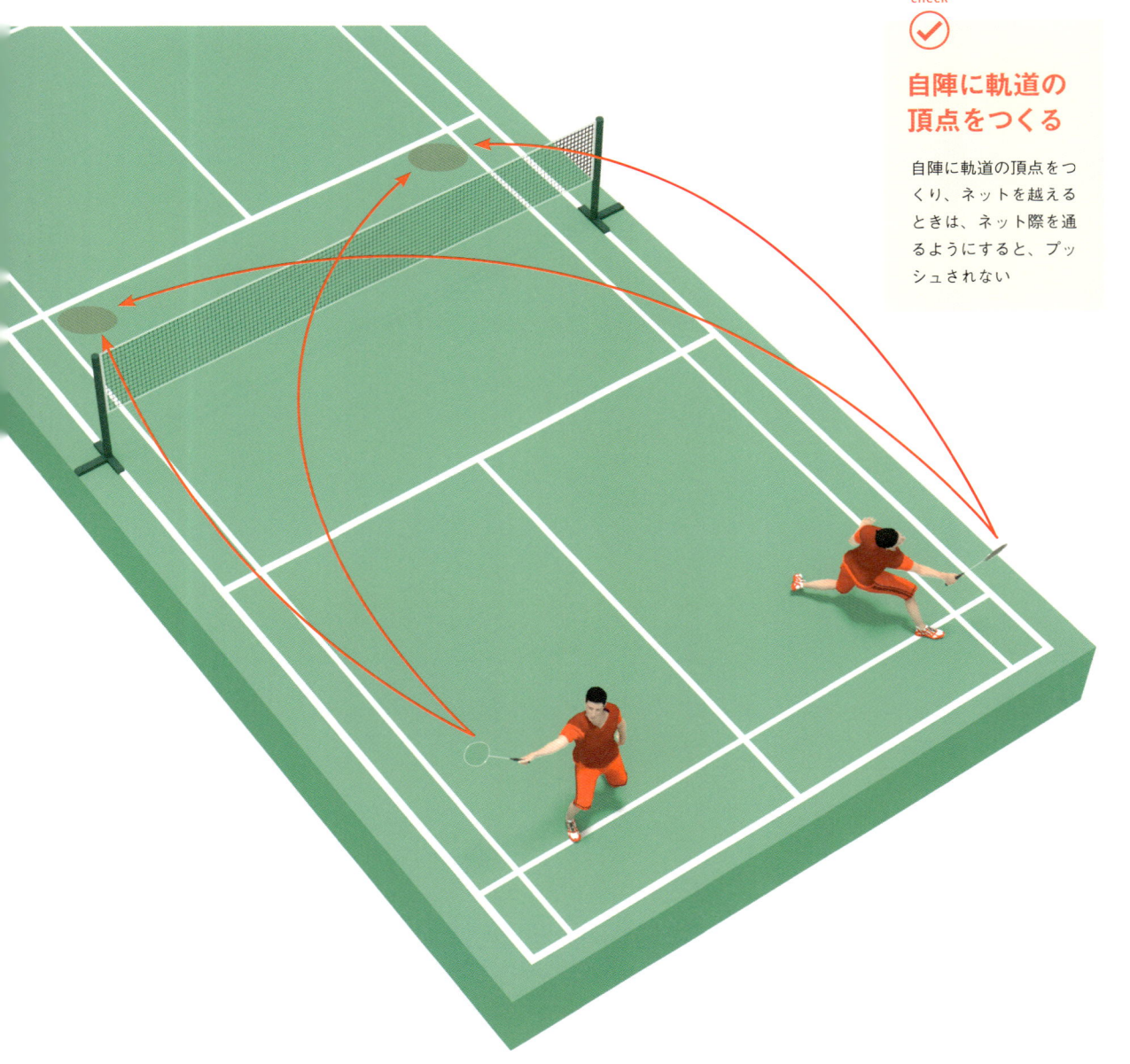

check

自陣に軌道の頂点をつくる

自陣に軌道の頂点をつくり、ネットを越えるときは、ネット際を通るようにすると、プッシュされない

29 オーバーヘッドはタイミングを変える

▶ クリアー・スマッシュ・カットは3箇所から打ち分ける

クリアー・スマッシュ・カットとオーバーヘッドのショットをジャンプして打つとき、次のように打つタイミングを変えて打ち分けると、相手の動き出しを遅らせ優位になりやすい。**1**跳び上がる最中に打つ。**2**跳び上がった最高地点で打つ。**3**着地と同時に打つ。

もっとも多くの選手がよく打つタイミングは**2**だが、毎回、このタイミングだと相手がそのリズムに慣れてしまう。トップ選手はこれらのタイミングを使い分けショットの幅を広げている。打ち分けることは簡単ではないが、意識することでショットの幅が広がるので、頭に入れてほしい。

1と**3**を組み合わせる

1クリアー、**1**クリアー、**3**カットなど組み合わせて使うと、より効果的に相手のタイミングを外せる。

1 跳び上がりながら打つ

一番相手の足を止めるタイミング。ジャンプと同時にラケットを振る。

2 最高地点で打つ

通常のタイミング。角度のあるショットを打ちたいときに使うタイミング。

3 着地と同時に打つ

相手の足を止めるタイミング。着地と同時に打つ。

30 終盤の競り合いで得点できる展開を持つ

▶ 得意技を隠し持ち、勝負どころで 1 点をとる

　試合の終盤で競ったとき、どうしても 1 点ほしい場面がある。そんな場面に備え、得点できる得意な展開を隠し持っておきたい。

　たとえばラウンドからのクロススマッシュが得意なら、ラウンドからはストレートに配球し、あえて終盤までクロスに打たないでおく。相手にストレートとイメージさせ点がほしいときにクロスへ打ち、1 点をとる方法だ（左図）。右図のパターンでは、ショートサービスを相手のバック側に返球しておき、勝負どころでバック側に打つと見

せたフェイントのあと、フォア側に打っている。

　このように終盤の競り合いで得点するためには、配球テクニックが必要だ。そのためには序盤でエースショットを出しすぎないように気をつけること。前半で手の内をすべてさらし、大事な場面で勝負できる手がないという事態は避けたい。隠しておく得意技は図のようにコースに関連させてもよいし、勝負どころで動きを速くしたりフェイントを入れたりしてもよい。自分なりの点のとり方を探そう。

パターン1

ラウンドからのスマッシュをストレートに配球しておき、勝負どころでクロスに打つパターン

❶ ロブ　❷ スマッシュ

──▶　よく使うコース

┈┈▶　点数がほしいときのコース

パターン2

相手のバック側にサービスレシーブしておき、勝負どころでフォア側に打つパターン

❶ ショートサービス　❷ アタックロブ

──▶　よく使うコース

┈┈▶　点数がほしいときのコース

check

配球術の多さが勝負強さになる

競ったとしても強い選手がほとんど勝つのは、終盤の配球テクニックを多く持っているからだ。緊迫する場面の状況判断力は数をこなした選手のほうが優れる。

31 ダブルス的プレーヤー対策

▶ 低く速い展開が得意な相手は大きく動かす

　体力がなく、速く動くのが苦手にもかかわらず、試合をしてみると意外と強い選手がいる。そんな選手はあまり動いていなくても、体まわりにきた球のさばき方がダブルス選手のようにうまく、その技術の高さをシングルスに応用していることが多い。ショットを読む力に優れ、無駄な動きが少なく、ドライブやスマッシュが速いのが特徴だ。ここではダブルス的な展開が得意な選手の攻略法を考えよう。

→ これが相手の得意パターン

あえて相手に攻めさせる

相手はドライブやスマッシュレシーブが得意なため、こちらが攻めたくなるショットをあえて打ってくる傾向がある。下のケースでは、長めのショートサービスを故意に打ち、ドライブを誘い、ドライブがきたら長めのドロップを返球。これも誘い球で、相手に低く速いロブを打たせようとしている。狙い通り、アタックロブがきたら、カウンターで決めるのが相手の得意パターンだ。

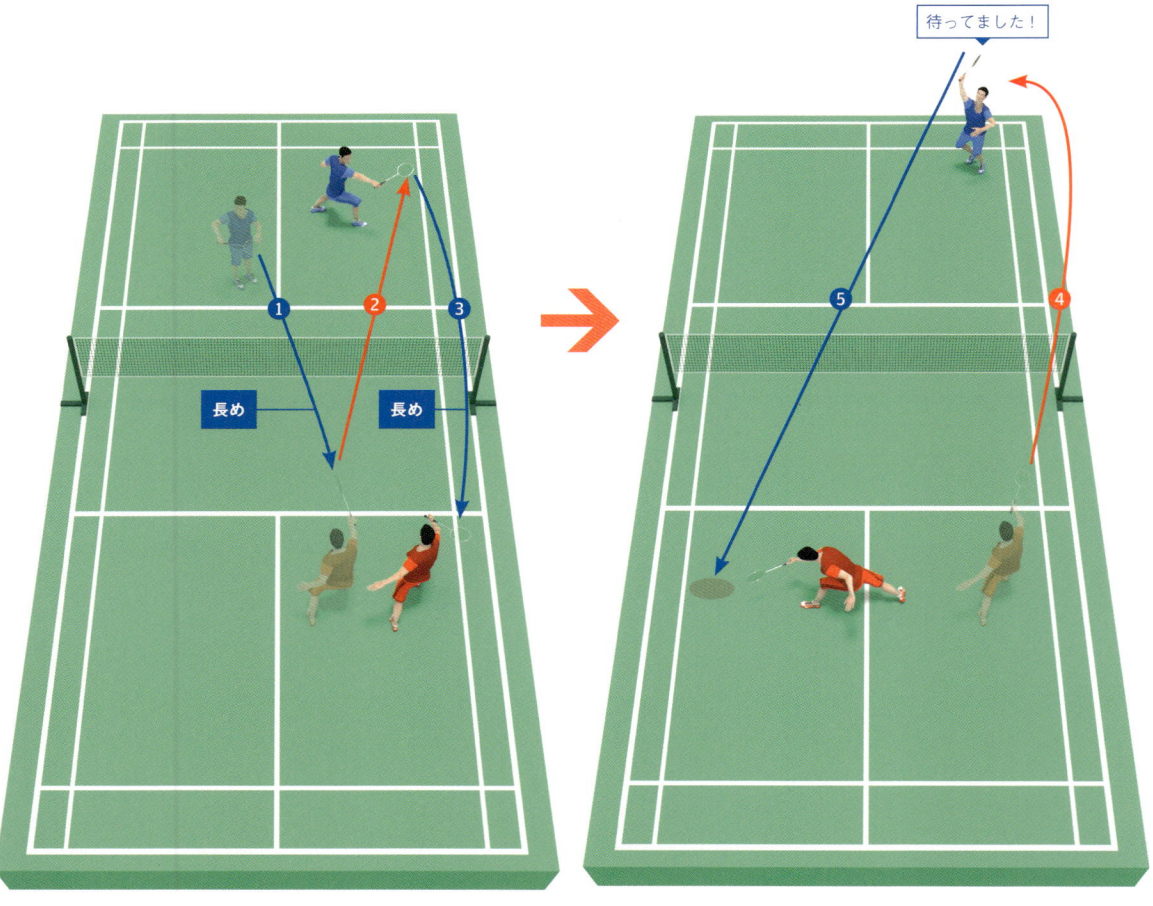

待ってました！

長め　　長め

❶ ショートサービス　❷ ドライブ　❸ ドロップ　　❹ アタックロブ　❺ スマッシュ

TACTICS

相手を前後に動かす

▼

TACTICS 1 体力を消耗させるため四隅に動かす

Step 1 ネットかロブを打つ

相手が球足の長いショートサービスを打ってきたら、早いタッチでネットか高めのロブを打とう（下図ではネット）。コート四隅を狙い、相手を大きく動かすつもりで配球する。相手の誘いに乗って、ショートサービスをドライブやアタックロブで返さないこと。フェイントのうまい相手には、細かい技術で勝負しないほうがよいだろう。

Step 2 相手を前後に揺さぶる

素早いタッチでネットかロブを打ったら、速く動いて相手を前後に動かそう。図のように相手がネットをロブで返球してきたら、クリアーで返す。ダブルス的プレーヤーは動くのが苦手なので、まず前後に動かして体力を削ること。十分疲れさせ、動きが遅くなったときを見計らって攻める。

① ショートサービス ② ネット

ネットを打つときは、早いタッチで前に落ちるネットを使い、相手をより大きく動かす

③ ロブ ④ クリアー

相手はラリーを低い展開にしたがるが付き合わないこと。ていねいかつ早いタッチで球にさわり、コート四隅を狙う技術が要求される

TACTICS 2

低い体勢で打たせる

Step 1 早いタッチで配球する

動くのが苦手なプレーヤーには、早いタッチの球を出し、低い体勢で打たせるとよい。このタイプの選手は、足を深く踏み込まなければとれない低い球に対応するのが苦手だ。右上図ではアタックロブで相手を奥へ押し込み、低い体勢でとらせている。このほかにもネット前へのカットやドロップ、サイドへのハーフスマッシュ等を効果的に使いたい。

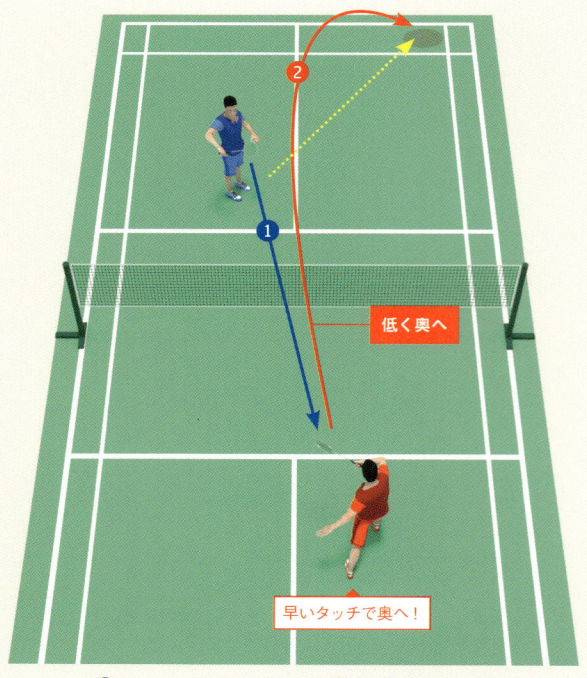

低く奥へ

早いタッチで奥へ！

① ショートサービス　② アタックロブ

Step 2 相手が疲れてきたらフェイントを使う

相手が疲れてラリーについてこられなくなったら、普段通用しないフェイントも効きやすくなる。右下図は、相手がカットで逃げてきたあと、ロブと思わせるネットを打っている。

間に合わない

ロブと思わせて

③ カット　④ ネット

動けない！

フェイント！

▲ロブとネットのどちらを打つかわからせない基本的なフェイントも、相手が疲れているときはよく効く

TACTICS 3

むやみに
スマッシュを打たない

カットスマッシュや
ドロップを使う

ラリー中、相手が甘いロブを打ってきてもすぐボディまわりへスマッシュを打たないこと。このタイプは、速くて威力のあるスマッシュより、じつはカットスマッシュやドロップで動かされるのを嫌うことが多い。速い球より、相手を動かすことを意識しよう。

❶ スマッシュ
❷ レシーブ

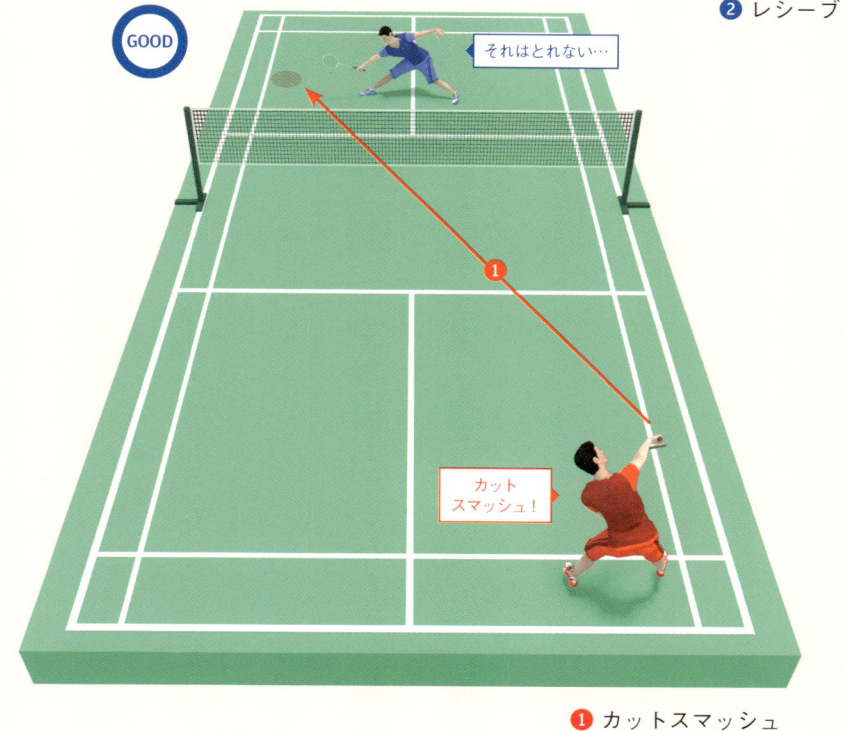

❶ カットスマッシュ

まとめ ダブルス的な展開で戦いたい選手は、ドライブやレシーブ、サイドに跳びつく動きは得意なので低く速い展開に持ち込む傾向にある。しかし前後の多い動きは苦手なため、こちらはなるべく相手を前後に動かし、低く速い展開を避けるよう長いラリーで勝機を探ろう。

32 攻撃型プレーヤー対策

▶ スマッシュ＆ネットを封じ、低い展開をつくる

スマッシュ一発でラリーを切れる選手でも攻めるチャンスをつくれなければ、長所を発揮できない。攻撃型と呼ばれる選手は攻撃力が高いだけでなく、よいネットプレーで高いロブを上げさせ、自分が攻める場面をつくるのも巧みだ。

攻撃型プレーヤーと対戦するときは、スマッシュを打たせない流れをつくりたい。ロングネットやドロップを打ち、スピンネットなど厳しいネットを打たせないようにしよう。攻められない状況が続くと、相手はペースをつかめなくなり、自滅することも多い。

→ **これが相手の得意パターン**

**絶妙なネットで
ロブを上げさせ
スマッシュで決める**

攻撃型プレーヤーの典型的な勝ちパターンは非常にシンプル。ネットを打ったあと、高いロブを上げさせ、スマッシュで決めてくるパターンが多い。厳しいリフトネットを打ったり、自在にスピンをかけたりと、相手にロブを打たせる技術を持つ攻撃型プレーヤーも多い。

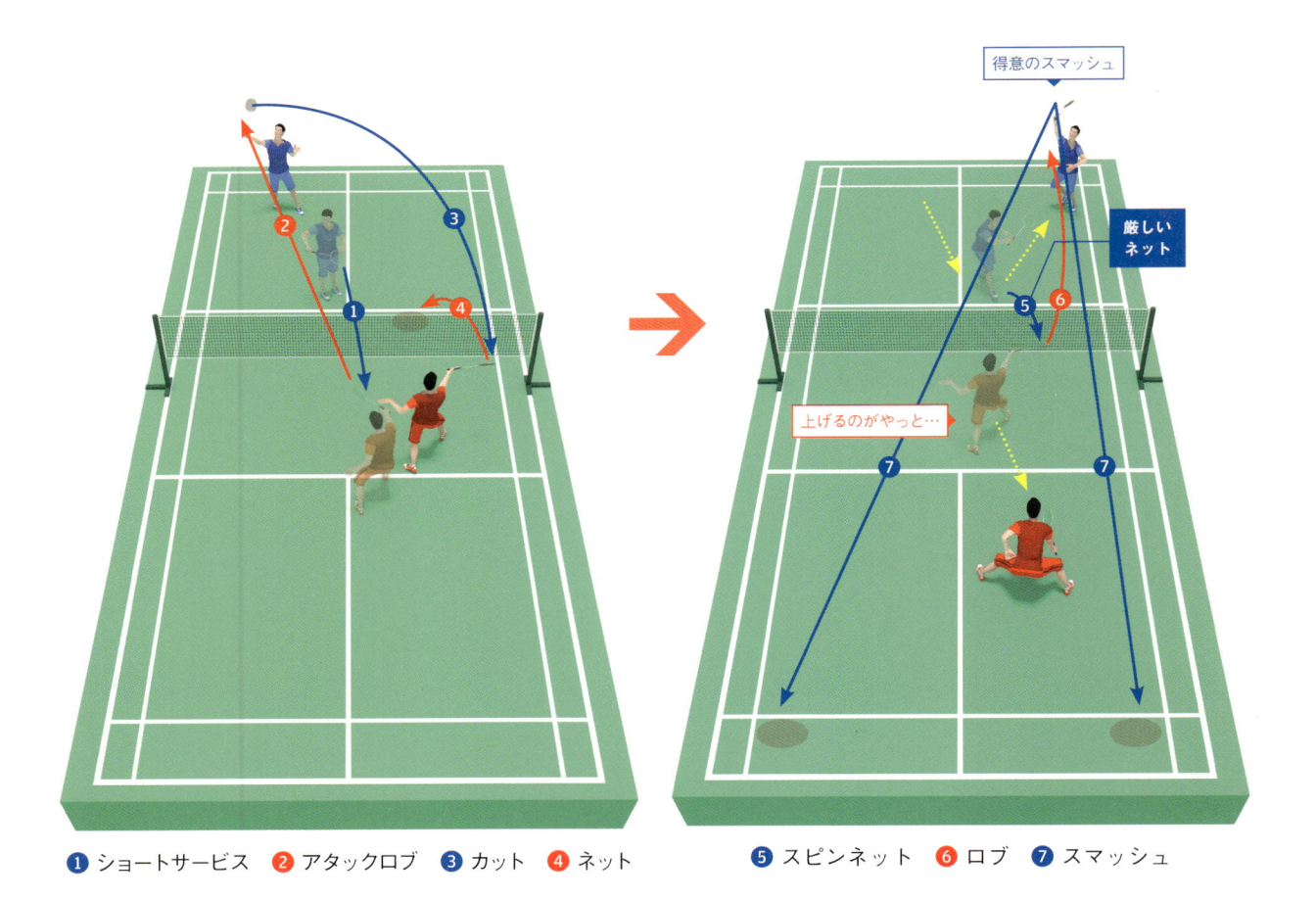

得意のスマッシュ
厳しいネット
上げるのがやっと…

1 ショートサービス　**2** アタックロブ　**3** カット　**4** ネット　　**5** スピンネット　**6** ロブ　**7** スマッシュ

TACTICS

厳しいネットを封じ、速い展開で勝つ

▼

Step 1 ロングネットを使う

ショートサービスの返球時、もしくはラリー中にネットを打つときは、ショートサービスライン付近に落ちるロングネットを使おう。ロングネットはスピンがかけにくく、厳しいネットを打たれる確率が低い。

Step 2 アタックロブなど速い展開への準備をする

ロングネットを打つと、アタックロブで返してくる可能性が高い。アタックロブなら早くシャトルの下に入り、チャンスがあればカウンターを狙おう。長めのドロップやドリブンクリアーも有効。ただし展開が速くなるので打ったあとは、次の準備を早くすること。

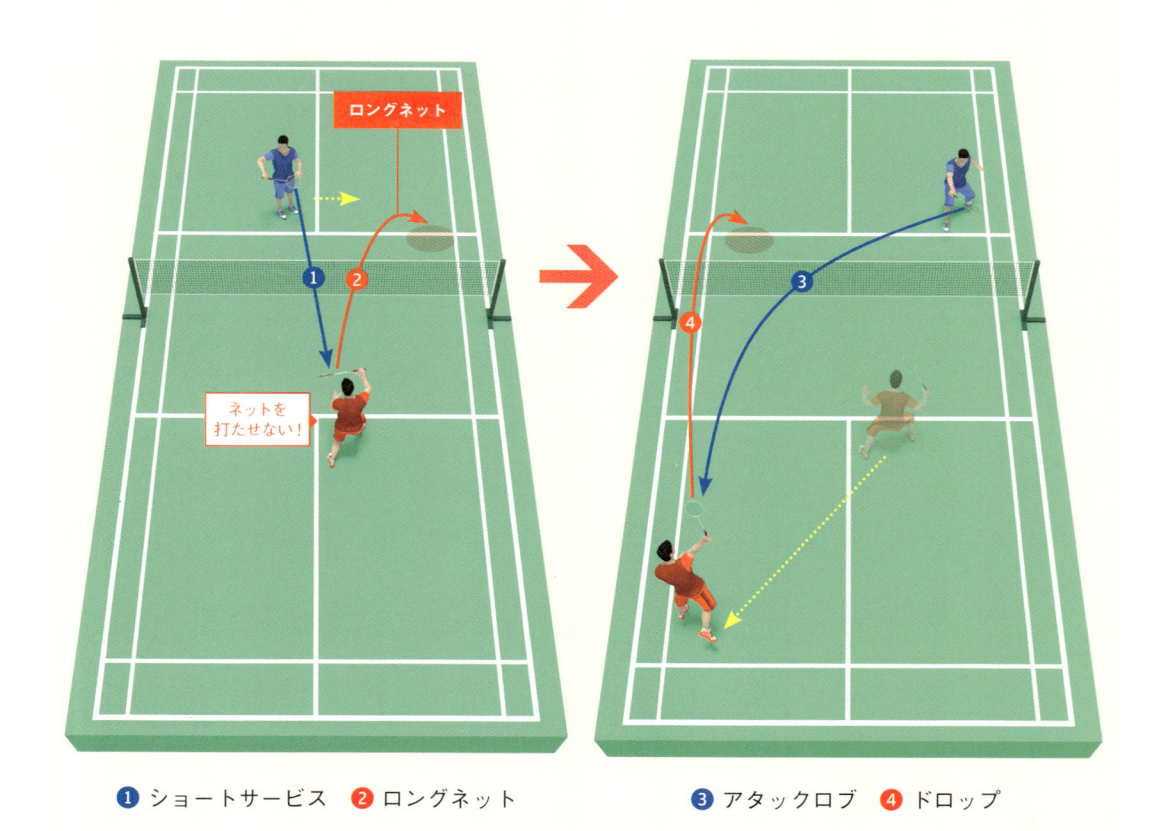

❶ ショートサービス　❷ ロングネット　　❸ アタックロブ　❹ ドロップ

まとめ　攻撃型の選手は、厳しいスピンネットから甘いロブを誘い、強烈なスマッシュを打ってくる。まずはロングネットや長めのドロップを使って厳しいネットを封じよう。相手はアタックロブやドライブなど、低い攻撃的なショットを打ってくるので、打ったあとは素早く構え相手を前後に揺さぶりながら勝機を探ろう。

33 長身プレーヤー対策

▶ 高さを生かしたプレーをさせず、相手の体軸を崩す

→ これが相手の得意パターンⒶ

ドリブンクリアーやアタックロブをカウンター攻撃

長身選手は背の高さを有効に使い、ドリブンクリアーやアタックロブを途中でブロックし、ネット前に落としたり、スマッシュなどでカウンター攻撃するのが得意だ。とくにクロスにきた球を待って反撃することが多い。相手の手が届く範囲が広いので、球の高さを十分出さずに打ってしまうと相手の得意パターンで点をとられやすい。

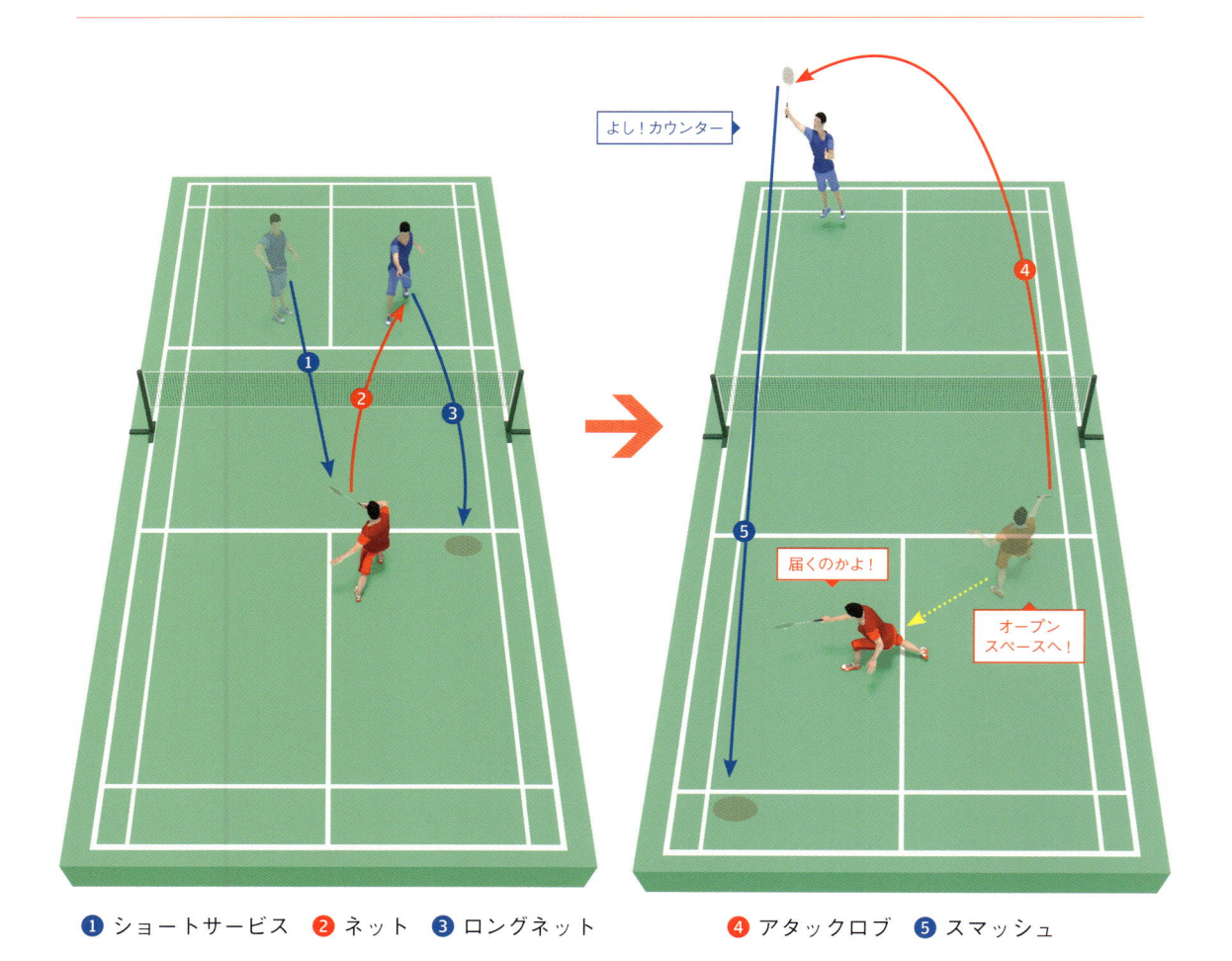

よし！カウンター
届くのかよ！
オープンスペースへ！

❶ ショートサービス　❷ ネット　❸ ロングネット　❹ アタックロブ　❺ スマッシュ

 むやみにクロスへは打たない

日本はジュニアのころからクロスに打って相手を走らせる戦術での勝ち方が染みついている。しかし、レベルが上がって長身選手や動きの速い選手と対戦したとき、このパターンで点をとられることが多い。ストレートで相手を奥に追い込む技術も身につけよう。

　長身選手は攻撃型プレーヤーに近い傾向にあり、長身を生かした攻め方を持っている。サイドへの球や、中途半端な高さの球に手が届きやすいため、カウンター攻撃が得意だ。

　そもそも長身選手を相手にアタックロブやドリブンクリアーを打つことは、高さの加減が難しい。普通の選手なら届かない球でも届くので、クロスショットを止められた場合、カウンターされてしまう。長身選手には、軌道の高さを慎重にコントロールし、とくにクロスはリスクが高いことを認識して戦う必要があるだろう。

→ **これが相手の得意パターンⒷ**

サイド際の羽根を
クロスにリターン

長身選手はサイドライン際にきた球の対応力にも優れている。ロブを出したあと、わざと広めにサイドを開けておき、相手にストレートスマッシュを打たせることも。背が高いぶん、サイドラインへの球に一歩で届くので、クロスリターンして相手を走らせ、試合を優位に進めるのが得意パターン。

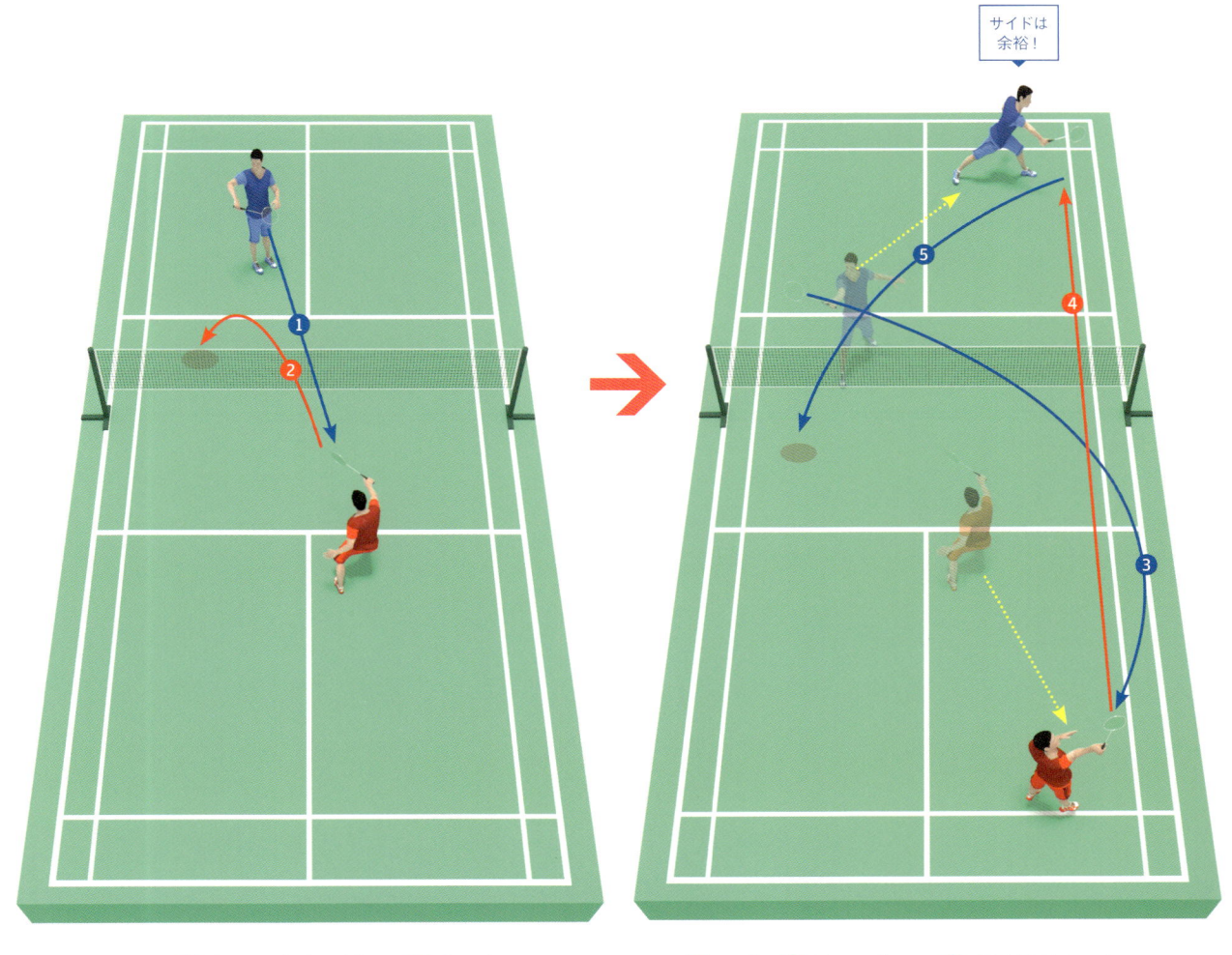

サイドは余裕！

❶ ショートサービス　❷ ネット　　❸ ロブ　❹ スマッシュ　❺ クロスリターン

TACTICS
相手を揺さぶり長所を出させない

TACTICS 1

クリアーやドロップ ネットを使い分ける

① ショートサービス
② ネット

Step 1 速く動くことを意識する

手足が長い長身選手はシャトルを高い位置でとらえることができる。そのためこちらが相手より速く動かなければ常に先手を取られる状況になりがちだ。長身選手との対戦では、相手の動きをよく見て、少しでも速く動くように意識しよう。

Step 2 前後に動かす

長身選手を前後に揺さぶるとチャンスが生まれやすい。コート奥にクリアーやロブを打つときはしっかり高く、ネット前にネットやドロップを打つときはできるだけ低くとらせるなど、メリハリをつけて打つ。右図では、ネット前に長身選手を動かしたあと、ドロップかクリアーか、相手に迷わせながら打っている。打つタイミングを変えて、できるだけショットを読ませないフォームを心がけよう。

③ ロブ
④ ドロップまたはクリアー

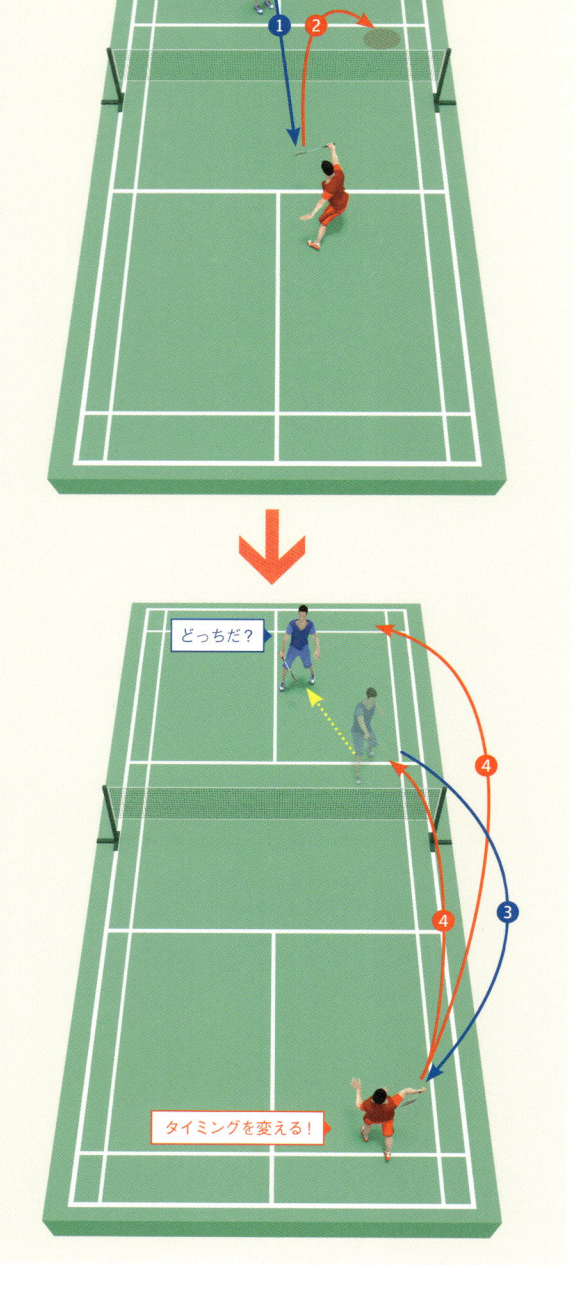

どっちだ？

タイミングを変える！

TACTICS 2

ハーフスマッシュと
ボディショットを交ぜる

GOOD

ボディ苦手だ…

チャンスは
ボディに！

❶ ハーフスマッシュ　❷ レシーブ　❸ プッシュ

相手の体勢を崩し
ボディを狙う

サイドへの対応力が高い長身選手にスマッシュを打つときは、いつもよりサイドライン際を狙いすぎてアウトになることも多い。しかし、体の低い位置でとらせるハーフスマッシュで相手の体勢を崩しつつ、穴ができやすいボディの攻めを交ぜていくと試合を優位に進めやすい。

TACTICS 3

クロスショットは
多用しない

NG

得意パターン！

クロスロブ
高めにしたのに…

❶ ネット　❷ ロブ　❸ スマッシュ

序盤はストレート中心に
配球する

試合序盤、長身選手の体力が十分残っているとき、クロスショットを多用するとカウンターされやすい。長身選手の動きが速い間は、軌道の高さに注意し、ストレート中心に配球する。相手の動きが鈍くなってきたら、クロスショットも有効打になりやすい。状況に応じて配球しよう。

まとめ

長身選手との対戦では、まず相手より速く動くことを意識しつつ前後に動かす配球を心がけよう。序盤はストレート中心に配球すること。相手の動きが速いときクロスを使うとカウンターされやすい。また攻撃の際、サイドを狙う場合は低い打点でとらせるハーフスマッシュを中心に使う。ボディまわりへの配球も交ぜながら勝機を探ろう。

34 守備型プレーヤー対策

▶ リズムを変えて打ち、フォア奥を意識させる

　守備型の選手は、スマッシュをレシーブしたりコート四隅に配球したりするのが得意。スマッシュでラリーを切るパワフルなプレーは少ないが、長いラリー展開で相手が崩れるのを待つパターンが多い。そんな相手と戦う場合は、スマッシュ一発で決めようとするのではなく、3〜4球をかけて決めるイメージを持ちたい。カットやネットが巧妙で、打つコースを読ませないようにしたり、床際ギリギリからクロスネットを打ってきたり、とにかくつなげてくるのが特徴だ。

→ これが相手の得意パターン

オーバーヘッドからのショットを見抜かせない

相手にスマッシュを打つと見せかけカットを打ったり、守備型の選手はどこにどんな球を打つか、見抜かせないようにするのがうまい。とくに巧みなのがクリアーとカットの使い分けだ。下図のようにバック奥に追い込まれた状況でも、ストレートクリアーと思わせリバースカットで決める選手が多い。

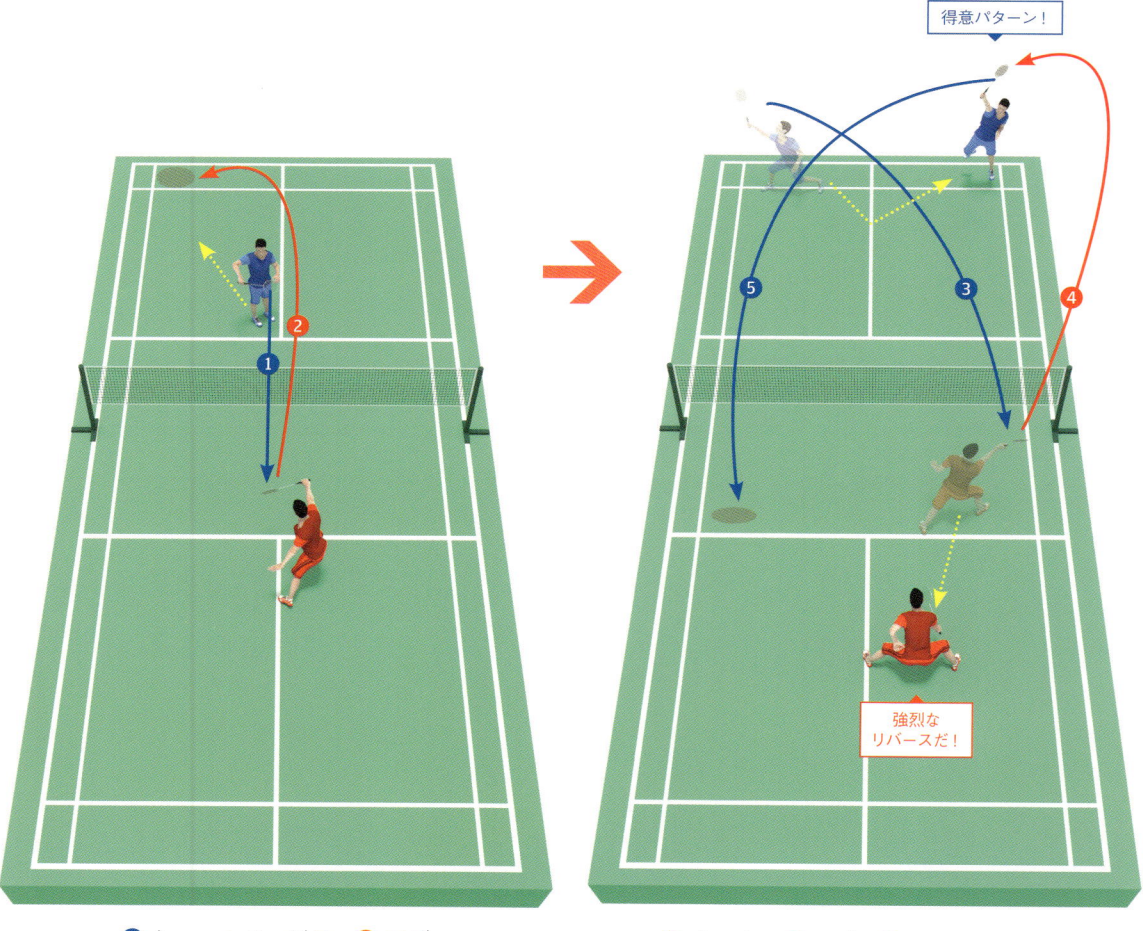

❶ ショートサービス　❷ ロブ　　❸ カット　❹ ロブ　❺ リバースカット

TACTICS
リズムを変えながら攻める

TACTICS 1

三段階に打ち分け
リズムを変える

① ショートサービス **②** ロブ

Step 1
オーバーヘッドの
打つタイミングを変える

守備型選手の配球のうまさを封じる方法は、いつも同じリズムで球を打たないことだ。とくにオーバーヘッドで打つときは、ヒットするタイミングを変えていこう。たとえばクリアーを打つとき、①跳びながら打つ、②跳んだときの頂点で打つ、③跳んだあと着地と同時に打つといった具合に三段階に打ち分けていく。

→ 三段階打ち分けの詳細は P60

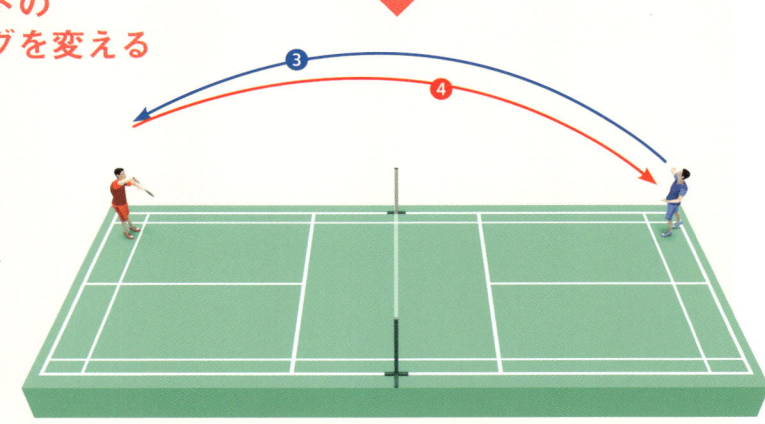

③ クリアー **④** ドリブンクリアー

Step 2
オープンスペースを
攻める

打つリズムを変えられることで、相手のショットや守備に乱れが生じる。そのとき、オープンスペースにスマッシュを打つ。確実に決められる場面までじっくりラリーするのが守備型の選手と戦うコツだ。

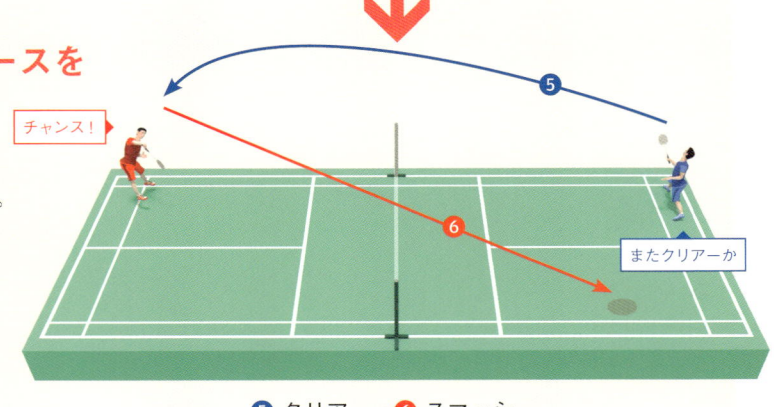

⑤ クリアー **⑥** スマッシュ

TACTICS 2

フォア奥を意識させる

Step 1 フォア奥を中心に攻める

レベルが高くなっても、コート四隅のうち、体力的な負担が大きいのは意外にもフォア奥だ。体をひねる動作など全身を使って動くバック奥とは違い、フォア奥はほぼ足の力だけで動く必要がある。そのため守備型の選手にとってもフォア奥は警戒度の高い箇所になる。他の3箇所を攻めつつ、フォア奥を多めに狙っていこう。

Step 2 フォア奥を警戒してきたらオープンスペースを狙う

フォア奥を狙うラリーを多くすると、相手はフォア奥を警戒し、打ったあと、センターに完全に戻らず、フォア奥寄りの位置で待つようになる。相手がフォア奥に寄ったら速いタッチでクロススマッシュやリバースカットで決めよう。

Step 3 警戒エリアを変える

このパターンで失点すると今度はフォア奥に寄りすぎないようにするだろう。このように意識が変わったら配球を相手のバック側に変える。こうして相手がフォア奥への警戒を緩めたら、またフォア奥へ攻めると効果的である。

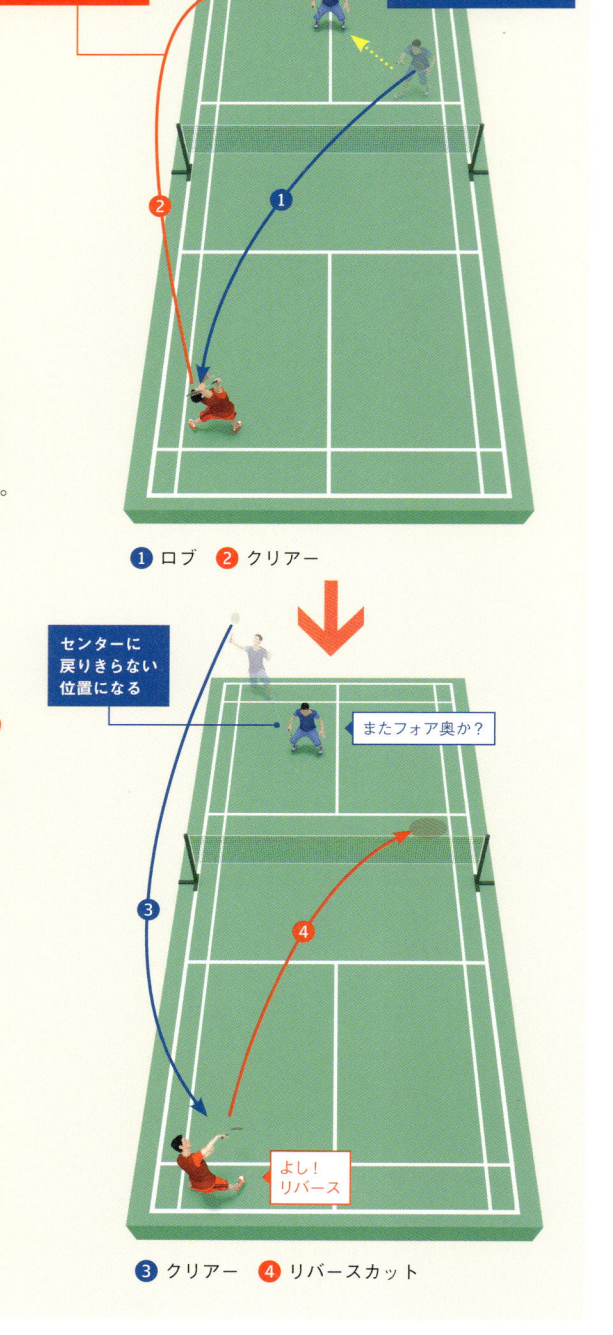

体力的な負担が大きいフォア奥を狙い続ける

センターで構えている

1 ロブ　**2** クリアー

センターに戻りきらない位置になる

またフォア奥か？

よし！リバース

3 クリアー　**4** リバースカット

まとめ 守備型の選手には攻撃が簡単に決まらない。まずは我慢してラリーすること。三段階の打ち分けを使ってラリーのリズムを変えていくとチャンスが生まれやすい。ミスを誘うように配球して勝機を探ろう。四隅に攻める場合はフォア奥を中心にし、相手が警戒し始めたときにクロススマッシュやリバースカットを使うと決まりやすい。

35 サウスポー対策

▶ フォアカット、リバースカットを警戒する

　左利きの選手の最大の特徴は、右利きの選手と比べカットをかけたときの羽根の回転が逆になること。たとえば左利きがフォアカットを打ったときは、右利きのリバースカットを打ったときと同じで球足が伸びやすい。反対に左利きのリバースカットは右利きのカットのように鋭く落ちる。ま

ずはこの球質の違いを理解しよう。

　そして視覚的な錯覚もとりにくい大きな要因だ。「リバースカットなのに球足が短い！」という感覚は左利きの選手と打ち合わないとわからないだろう。左利きと対戦する場合は、まずこの原理を頭に入れておこう。

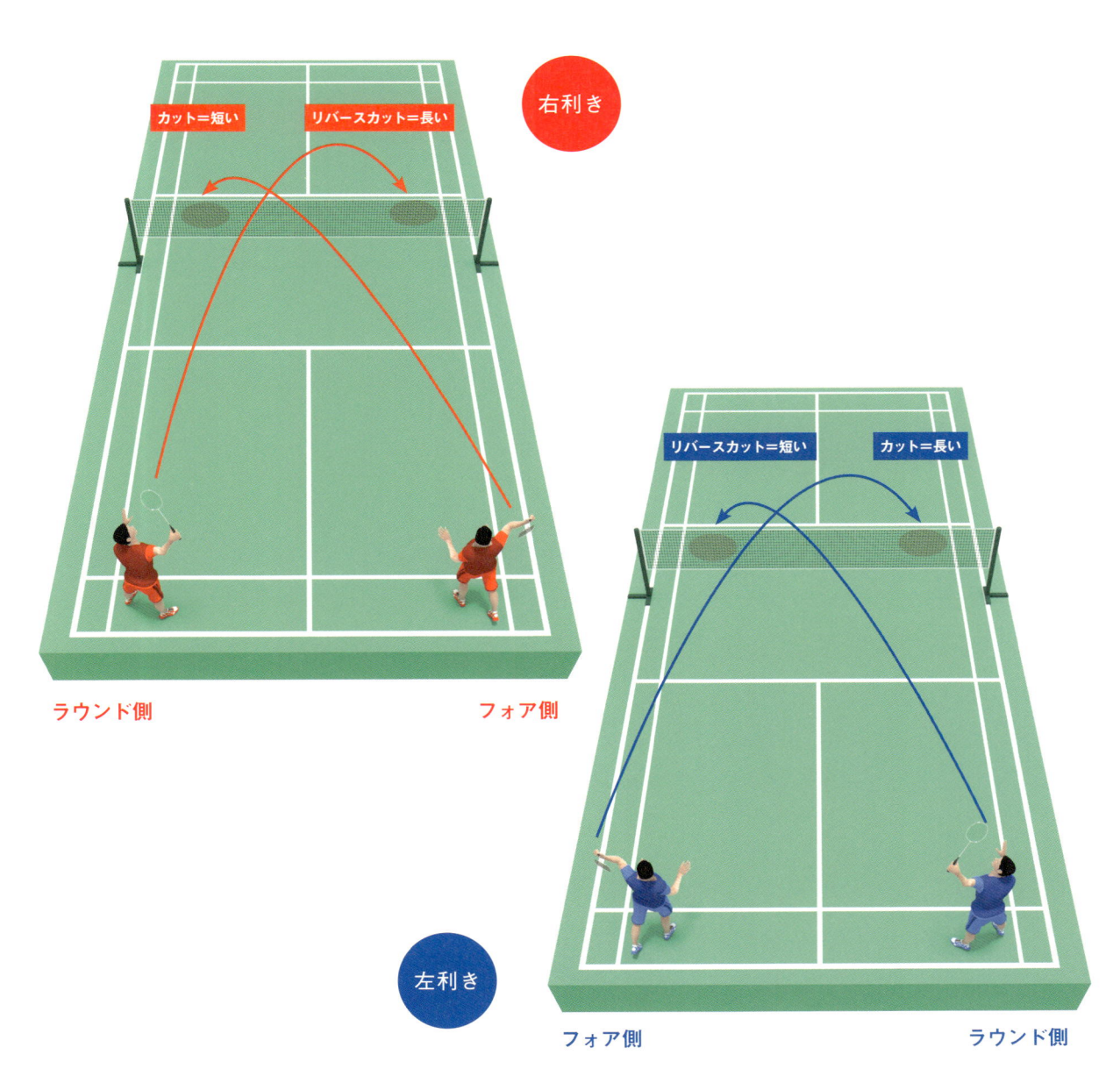

→ **これが相手の得意パターン**

カットやリバースカット
で決める

カットやリバースカットを得意とする左利き選手は、カットを打てる状況を積極的につくってくる。ドリブンクリアーやアタックロブなど速い球でコート奥に相手を追い込み、ストレートの甘い球を上げさせ、最後はカットやリバースカットを決め球にするのが得意パターンだ。

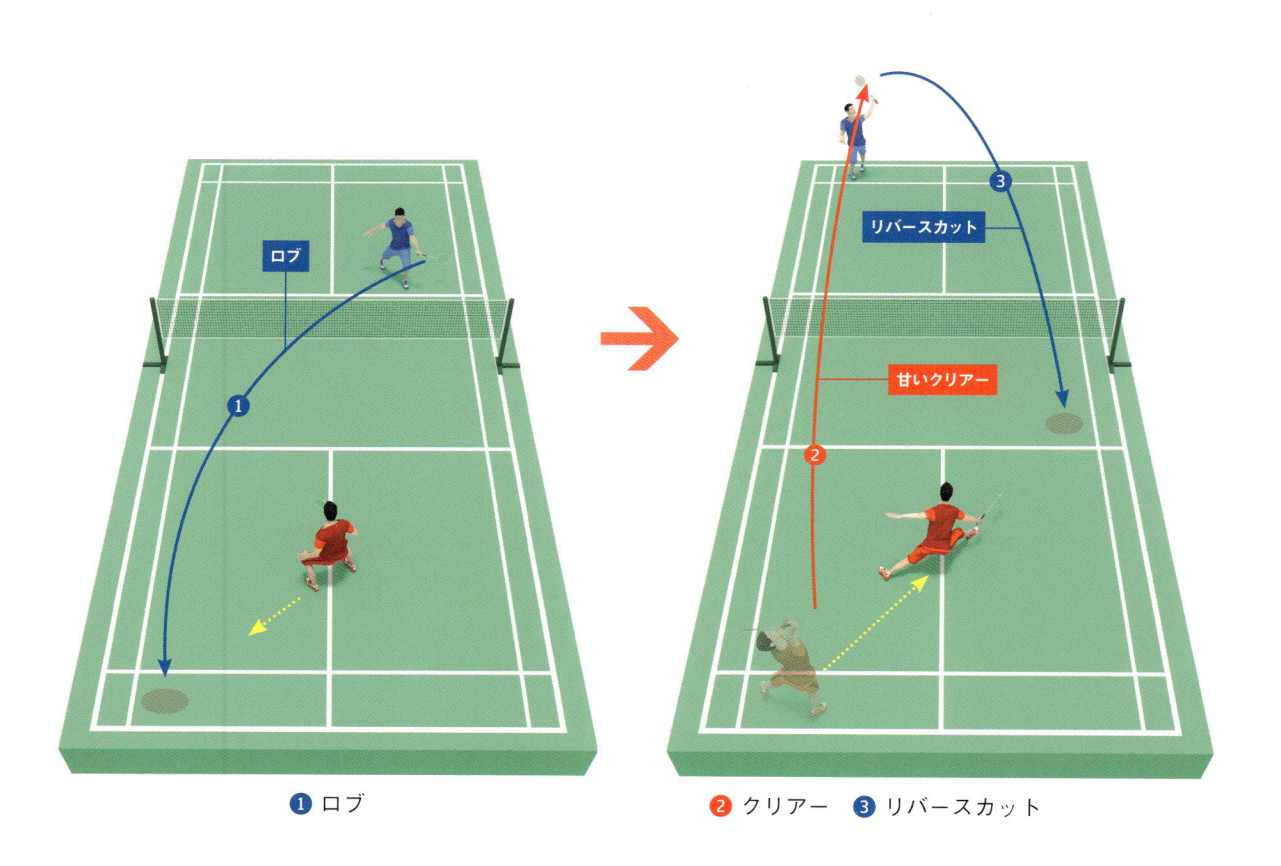

❶ ロブ　　　**❷ クリアー**　　**❸ リバースカット**

⚠ ## カットスマッシュ
にも注意

左利きのカットスマッシュは速いうえ、軌道も変化するので要注意。とくに左利きのラウンド側からクロスに打つスマッシュはカットがかかると球が落ちやすくなり、非常にとりにくい。

TACTICS

ラウンド側で十分な体勢で打たせない

▼

TACTICS 1　フォア奥をうまく利用する

Step 1　ストレートにアタックロブ

左利きはカットを使った攻撃を得意としている。なるべく高い打点からカットを打たせないために、フォア奥を中心に攻めていこう。

Step 2　オープンスペースへ返球

ストレートに甘い球が返ってきたらオープンスペースに球を沈めよう。高い打点からカットの効いたショットを打たせなければ、相手に合わせた戦術でよい。

① アタックロブ　　② ドライブ　③ カット

⚠ **アタックロブは高さに注意**

アタックロブは球の高さに注意する。高すぎれば相手を追い込めないし、低すぎれば逆にカウンターで返される。

 まとめ

サウスポーと対戦する場合、まず球質や軌道が右利きと異なることを頭に入れてほしい。しかし、相手のカットやリバースカットを安易に打たせないようにすれば、相手のプレースタイルに合わせた戦術で戦えるだろう。可能なら普段の練習から左利きと打ち合い、独特なカットやリバースカットに慣れておこう。

第 3 章

ダブルスの戦術

2対2で戦うダブルスは、ラリーのスピードがシングルスよりも速い。
ハイテンポで繰り広げられるショットの応酬のなかでは、
相手ペアにいかにして球を上げさせるかがポイントになる。
パートナーと協力し、戦術を駆使してチャンスをつくり出そう。

36 ダブルス考

▶ 相手に球を上げさせるスピード戦

勝利の4原則

シングルス考（P38-39）で、シングルスとは自分と相手を見極め戦う情報戦であると話した。ではダブルスはどうだろうか？　2対2の戦いは、1人あたりの守備範囲が狭いため、ラリーが速くなって攻撃が簡単に決まらない。したがって、シングルスのようにコート四隅への大きな展開が得策とはいえない。

また、ダブルスではパートナーと息を合わせることも大事で、ワンマンプレーに走ったり、パートナーのミスに文句ばかり言ったりするようではなかなか勝てない。2人で力を合わせ、相手の弱点を速く突き、甘い球を上げさせて確実に決める状況をつくることが勝利への近道。これらをまとめると、次の4点をダブルスの勝利の原則として導くことができる。

第1原則 できるだけ下から打たせ主導権を握る

ダブルスでもっとも多い得点パターンは、相手に甘い球を上げさせ決めるという形だ。そこで試合では、できるだけ下から打たせ主導権を握るための戦術をとらなければならない。そのためには、自分から球を上げず、球を沈めることが有効だ。トッププレーヤーが行う徹底的にロブを打たない「ノーロブ」の戦術は、この考え方をベースにしている。

彼らのように自分から球を上げず、球を沈めるにはどうしたらよいか。サービス側と、サービスレシーブ側、ラリー中に分け、球を上げさせるまでのポイント（右上）を示した。ダブルスは展開が速く、とくに男子はサービスから5球以内のラリーで決まることが多い。したがって早い段階でいかに球を上げさせるかが勝利のカギになる。

しかし、このノーロブスタイルはフットワークのスピード、配球技術が伴うので非常に難しい。一般選手なら球を沈めることだけに固執せず、しっかり上げる作戦も組み入れたほうがよい。攻撃力の弱い女子やシニア選手はクリアーで相手を動かし、わざと攻撃させる戦術も有効だ。男子でも相手の攻撃が強くなければ打たせて、カウンターレシーブやドライブで流れをつかむ展開も成り立つだろう。

第2原則 連続攻撃を仕掛ける

ダブルスで大事なのは一撃の速いショットだけでなく、前衛と後衛を含めた2人の素早い連続攻撃だ。とくに前衛で決める力があると相手にとっても脅威となる。スマッシュの速さより素早いタッチによる連続攻撃が重要だ。さらに、ショットも速いだけでなく緩急をつけた攻撃にすると、相手の動きが遅れがちになって、より決まりやすい。

■ 球を上げさせるまでのポイント

サービス側	サービスレシーブ側
» ショートサービスを浮かさない » 構えてから羽根を打つリズムを毎回変える » ショートを打つ雰囲気でロングを打つ	» できるだけ高い位置で打つ » 毎回同じコースに返球しない » 自分の間合いを意識してから構える

ラリー中

» オープンスペースに打つ	» 前衛を抜く沈む球を打つ
» 角度のあるショットを打つ	» 素早いタッチで前後に動かす
» 攻撃のリズムに変化をつける	» 相手のショットパターンを覚える

第3原則　相手のクセを読む

　ダブルスは展開が速いため、体に染みついたクセが思わず出てしまう。つまり相手のクセを早く見抜けば、試合を優位に進めやすくなる。とくにクセが出やすいのがサービスとサービスレシーブだ。ショートサービスを相手のフォア側に必ずプッシュで返してくる、サービスする直前に、必ず打つ方向をチラッと見るなど、何かしらの特徴を持つ選手は多い。

第4原則　1＋1のダブルスを目指す

　ダブルスでよくある悪いパターンは、試合の最中に2人のルールが少ないため失点をパートナーのせいにし合うことだ。そのため口をきかなくなったり、言い合いをしたり、険悪ムードのまま試合をして、敗退してしまうケースは意外に多い。
　そうならないためには、2人の間で決めごとをつくっておくといい。右利き同士なら左回りでロ

ーテーションする、前衛／後衛どちらが得意か役割を決めておくなど、基本的な約束ごとやお互いの役割分担を明確にしておきたい。また、正規ペアなら年齢に関係なく自分が感じたことや考えを伝えることも大切だ。互いに意思疎通できるような雰囲気づくりをし、コンビネーション抜群のペアになろう。

37 サーバーとサービスレシーバーの立ち位置

▶ どこでも対処できる位置に立ち、隙をなくす

1 サービス時

ショートサービスをネットから極力浮かないように打つのが、ダブルスでは何より大切だ。そのため、サービスはサービスラインの際から打とう。パートナーはサービスが浮き、プッシュで返されたとき、カバーできるハーフあたりに立つとよい。

真上からの視点

パートナーはサーバーから1歩〜1歩半下がった位置で構え、ハーフサイドをケア

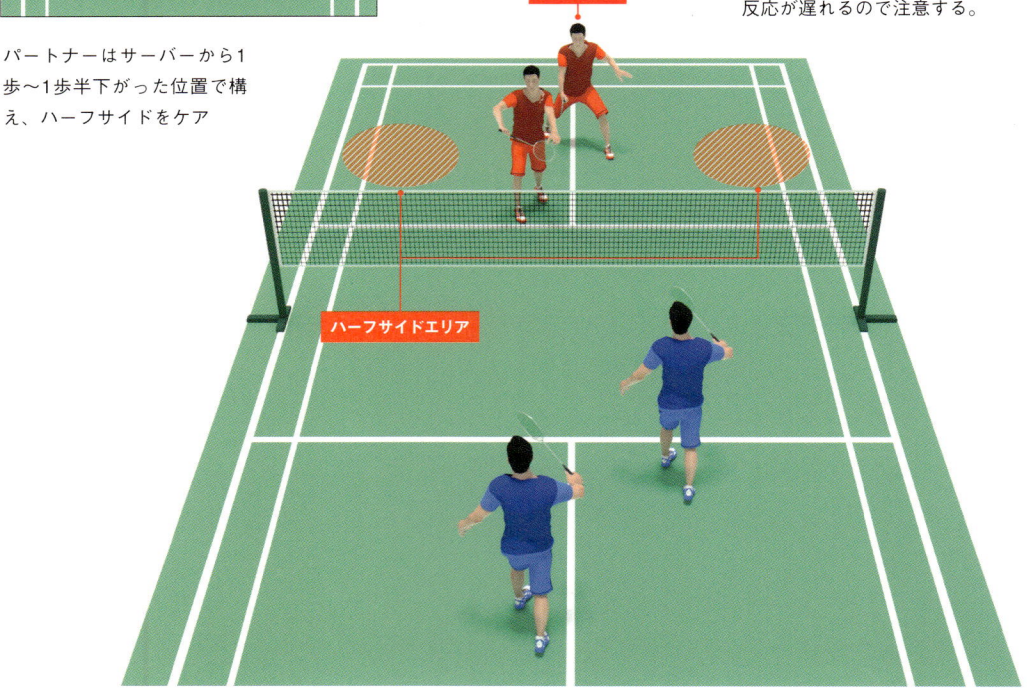

パートナー

ハーフサイドエリア

Point

パートナーはハーフサイドに注意

パートナーが後ろに下がりすぎると、サービスをハーフサイドに返された場合、反応が遅れるので注意する。

Point

ペアで意思確認を

サービスのロング／ショートだけでなく、その後フォア／バックどちらの範囲に意識を張り準備をするか、パートナーに伝えておくとよい。

Point

パートナーのポジションも大切

パートナーは、サーバーから1歩〜1歩半下がった位置で構える。相手の攻撃パターンがフォア側に多かったら、フォア側にあらかじめ寄るなど微調整する。

2 サービスレシーブ時

サービスレシーバーは、前寄りのセンターに立つ。ロングサービスを多用する相手なら少し後ろに。パートナーはロングサービスを打たれたとき、サービスレシーバーの動きの邪魔にならないような位置をキープすること。

 真上からの視点

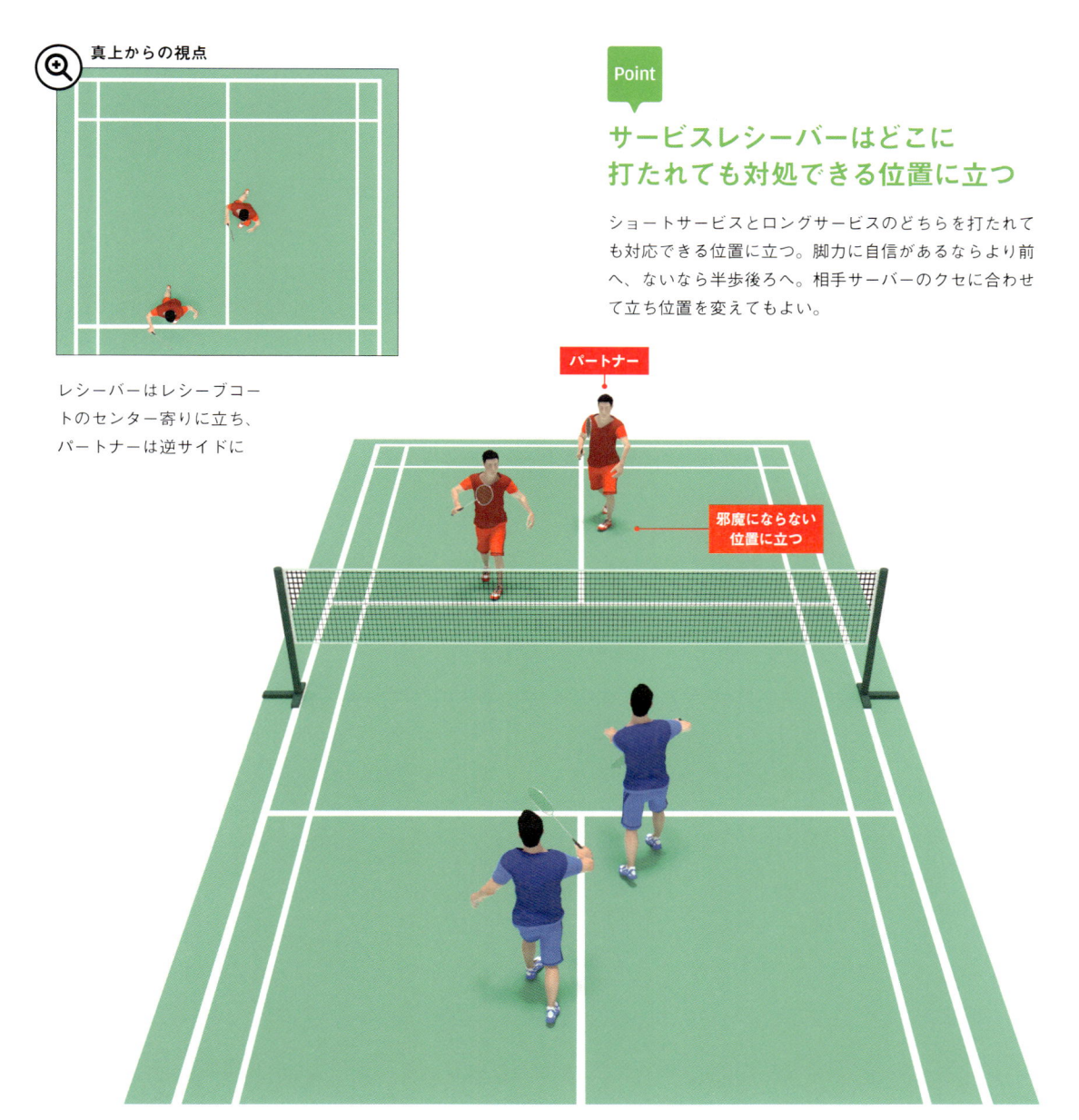

レシーバーはレシーブコートのセンター寄りに立ち、パートナーは逆サイドに

Point

サービスレシーバーはどこに打たれても対処できる位置に立つ

ショートサービスとロングサービスのどちらを打たれても対応できる位置に立つ。脚力に自信があるならより前へ、ないなら半歩後ろへ。相手サーバーのクセに合わせて立ち位置を変えてもよい。

パートナー

邪魔にならない
位置に立つ

Point

パートナーは次にケアできる位置に

ロングサービスを打たれたとき、レシーバーの進路をふさがないよう、サービスエリア内に足を入れないこと。レシーバーがサービスを返したら、そのコースを見て次の立ち位置を決める。レシーバーがロングサービスを受けた場合は前衛に入ることもある。

38 「攻め」の基本フォーメーション

▶ トップ＆バックで攻めに徹する

1 トップ＆バック

前衛と後衛が縦並びになる陣形を「トップ＆バック」という。攻めるときの基本ポジションで、このフォーメーションをキープするようにラリーを組み立てていく。

後衛の役割
攻めて決める＆甘いレシーブを上げさせる

スマッシュやカット、ドロップで決めたり、前衛に決めさせる配球をする。一発で決めようとするのではなく次の準備を早くし、連続攻撃することを意識する。

後衛タイプとは

コート後方からでも決められるアタック力を持ち、前衛がとれなかった球を広範囲で拾えるコートカバー力を持つ選手が向いている。

真横からの視点

前衛はショートサービスラインの1歩～2歩後ろ

前衛の役割
プッシュで決める＆落として上げさせる

甘くなったショットをプッシュして決めたり、相手の動きを見て球を上げさせる。相手にプレッシャーをかけることで簡単にネット前に打たせないようにする。

前衛タイプとは

相手のフォーメーションや動きが見える広い視野があり、相手のショットを素早く読んで攻撃できる頭の回転が速い選手が向いている。

2　ローテーション
（右利きペアの場合）

前衛と後衛が入れ替わりながら、どこに打たれても返せる陣形をつくることを「ローテーション」という。できるだけトップ＆バックを維持するために、右利き同士で組んだときは、左回りが基本になる。

フォア側から攻撃したあとのローテーション

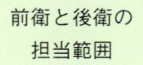

前衛と後衛の
担当範囲

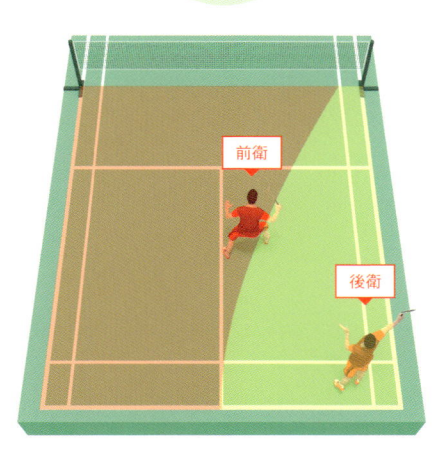

相手がストレートに返球してきた場合

後衛が前に詰めることで、攻撃のフォーメーションに。このとき前衛は後方にローテーションし前方のスペースを空ける。

相手がクロスに返球してきた場合

前衛が後ろに下がることで、攻撃のフォーメーションに。このとき後衛は前に詰め、ネット前をカバー。

バック側から攻撃したあとのローテーション

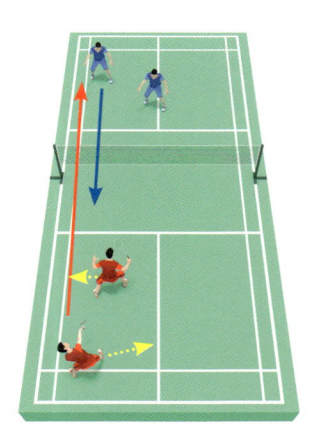

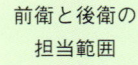

前衛と後衛の
担当範囲

相手がストレートに返球してきた場合

前衛が素早く左に移動し、相手の攻撃をストップ。後衛はセンターラインに寄り、クロス側の返球をカバーする準備をする。

相手がクロスに返球してきた場合

後衛が大きく右側に移動し、クロスコースに対応。ただし、クロスネットの場合は、左回りの法則を崩し、前衛がサポート。

39 「守り」の基本フォーメーション

▶ サイド・バイ・サイドで守りきる

1 サイド・バイ・サイド

前衛と後衛が横並びになる陣形を「サイド・バイ・サイド」という。守る展開のときの基本ポジションだ。ロブやクリアーを打ったとき、この態勢を必ずつくる。

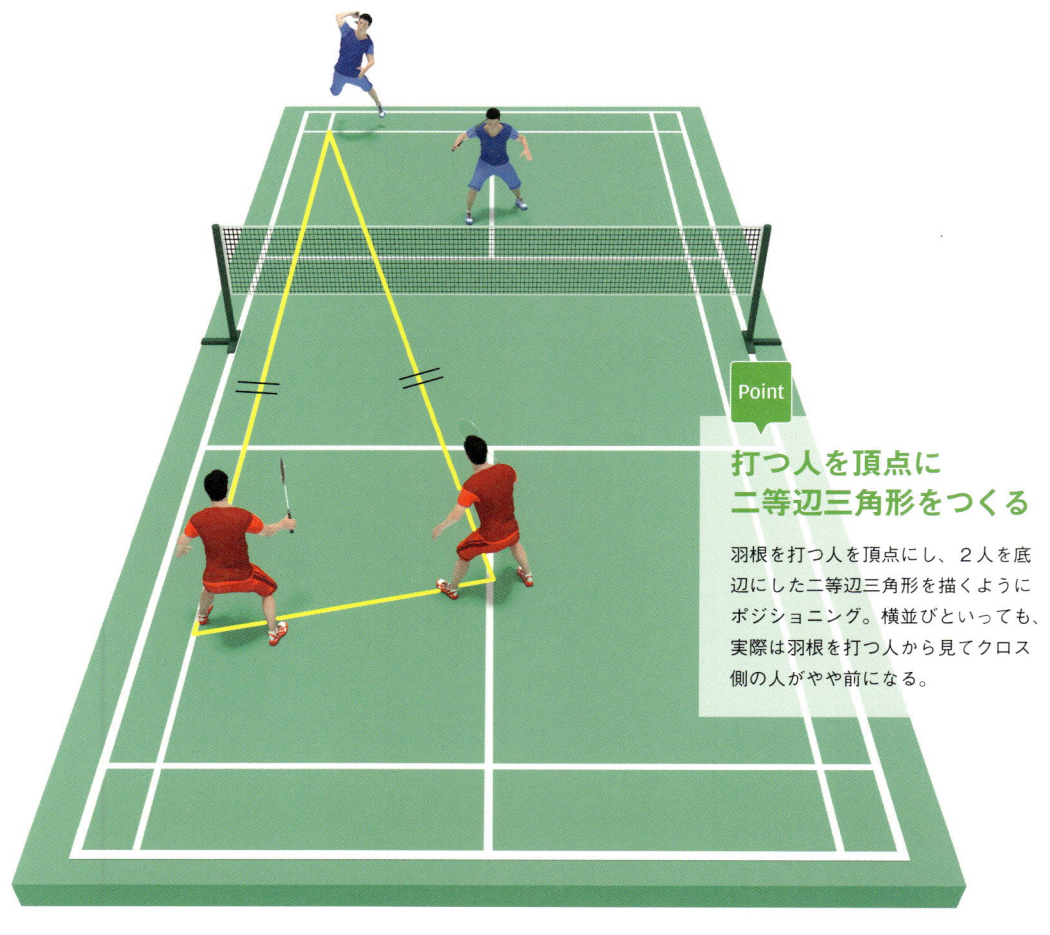

Point

打つ人を頂点に 二等辺三角形をつくる

羽根を打つ人を頂点にし、2人を底辺にした二等辺三角形を描くようにポジショニング。横並びといっても、実際は羽根を打つ人から見てクロス側の人がやや前になる。

Point

← **1球ごとにポジションを変える**

返球に合わせて自分たちの立ち位置を変えながらも、二等辺三角形をキープする。

2 "早く"守る

一方的に攻められている場面でも、相手の打球を早くとれる位置に立っていれば、攻守が逆転する可能性もある。レシーブ時はあまり下がりすぎないようにしよう。

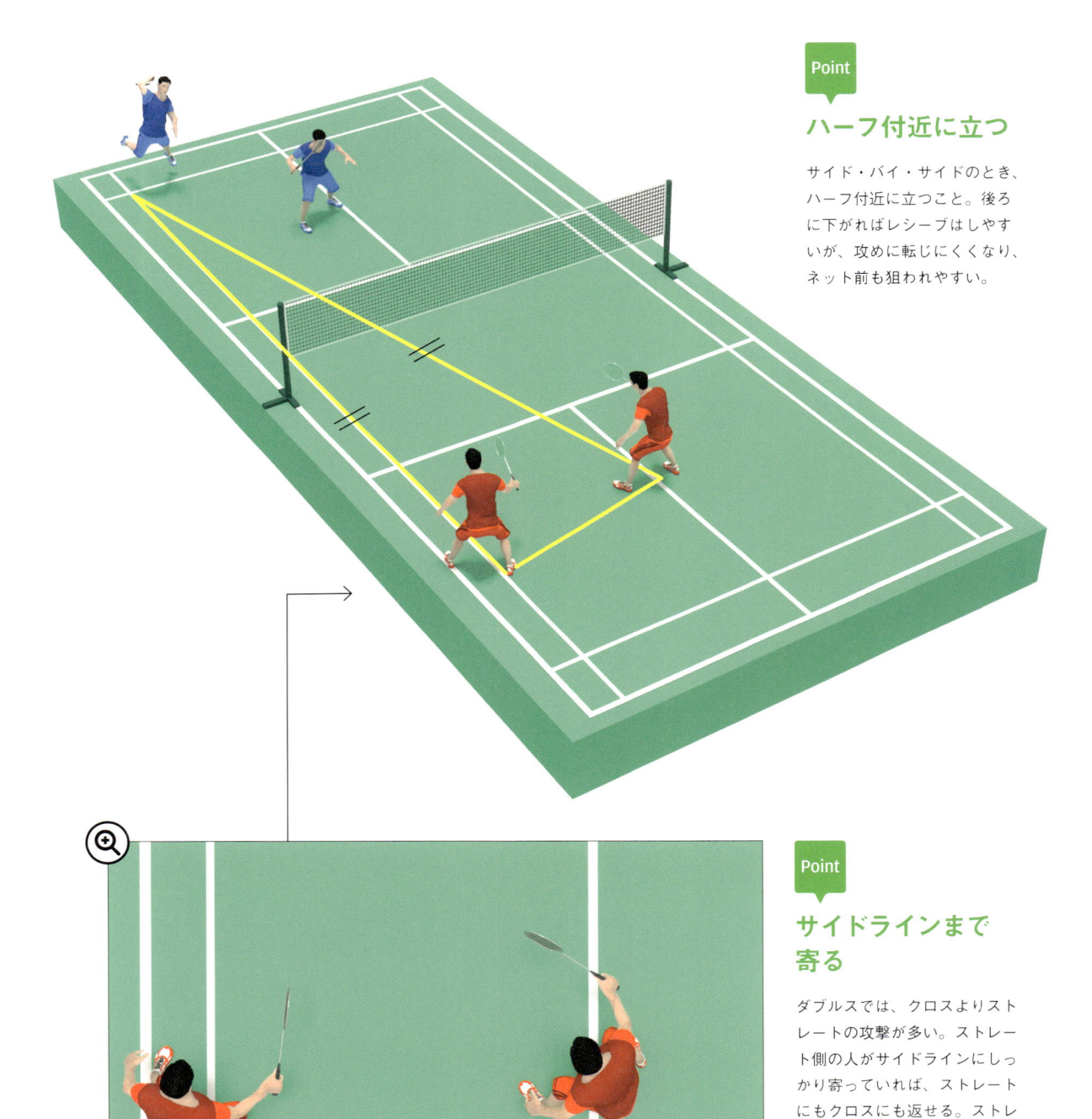

Point

ハーフ付近に立つ

サイド・バイ・サイドのとき、ハーフ付近に立つこと。後ろに下がればレシーブはしやすいが、攻めに転じにくくなり、ネット前も狙われやすい。

Point

サイドラインまで寄る

ダブルスでは、クロスよりストレートの攻撃が多い。ストレート側の人がサイドラインにしっかり寄っていれば、ストレートにもクロスにも返せる。ストレートにしか返球できないと、相手前衛にプッシュで返される。

ストレート側の選手はここまで寄る

サイドライン

40 ショートサービスで流れをつかむ

▶ ショートサービスは３コースを中心に使い分ける

1 ショートサービスの基本３コース

ダブルスではできるだけネットから浮かないショートサービスを中心に使う。このとき打ち分けたい３つのコースがある。

A 飛距離と滞空時間が短く、球がすぐに沈むので、相手が高い打点でとりにくい。

B 球の軌道や効果は **A** とほぼ同じ。バリエーションとして覚えるとよい。

C 飛距離は長いが、相手からの距離も遠くなるので、体勢を崩しやすい。

2　A〜Cを打ち分ける

ショートサービスをどこに打つかによって、レシーブやゲーム展開も変化する。まずは打ち分けの練習を入念に。

逆サイドからもA、Bを打ち分けていく

Point

Aを中心に配球する

相手が高い打点でとりにくいため比較的守備がしやすい。サービスの基本中の基本。

Point

Bはレシーブしにくさを利用する

Aを中心に使っておき、不意にBにサービスを出すと、Aのレシーブ体勢からではレシーブしづらく、返球が甘くなる可能性がある。

Point

Cはオプションとして使用

体から遠い位置に打ち、相手の対応が遅くなればストレートの返球に絞ることができる。パートナーが左利きでサービスを右側から打つときは、とくに有効だ。

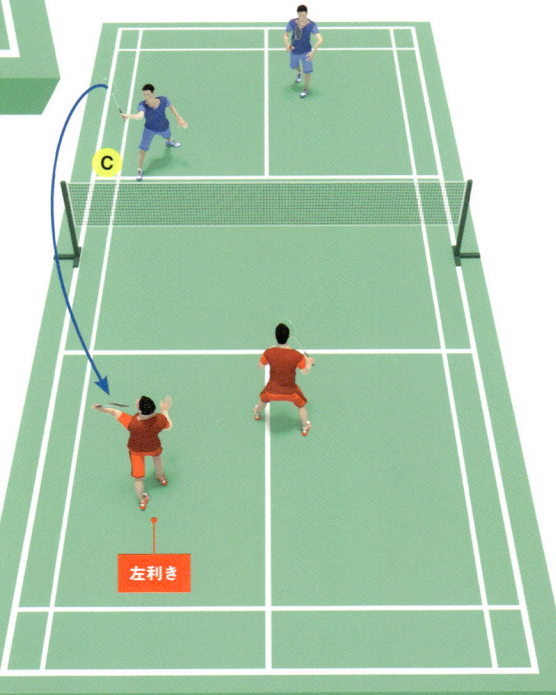

左利き

41 ロングサービスで流れをつかむ

▶ ロングサービスは相手の体勢を崩すのが狙い

1 ロングサービス

相手にロングがくると思わせないように打ち、いい体勢で返球させないために使うのが、ロングサービスの基本。単調な流れを変える一打としても使える。

 Point

タイミングを優先する

相手によい体勢で打たせないために大切なのは、打つタイミングだ。「次はロングだな」と相手に読ませないことが最重要。ロングを打つ雰囲気は封印してほしい。

 Point

威力のない
スマッシュを誘う

ロングサービスを効果的に打てれば、相手が球の下に入るのが遅れてドロップやクリアーしか返ってこない。たとえ相手がスマッシュを打ってきたとしても、遅れていれば威力に欠けるので、ラリーを有利に進めやすい。

 NG 高すぎる
サービスはNG

相手の予測を外してロングサービスを打てても、サービスが高すぎればいい体勢で打たれる。高さとコースに留意し、簡単に強打されない絶妙なサービスを打ってほしい。

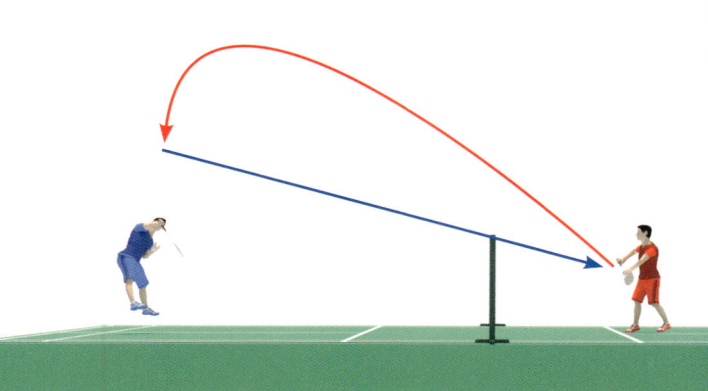

2　コース

ロングサービスはセンターラインよりも、
フォア奥側に打ったほうが効果的だ。

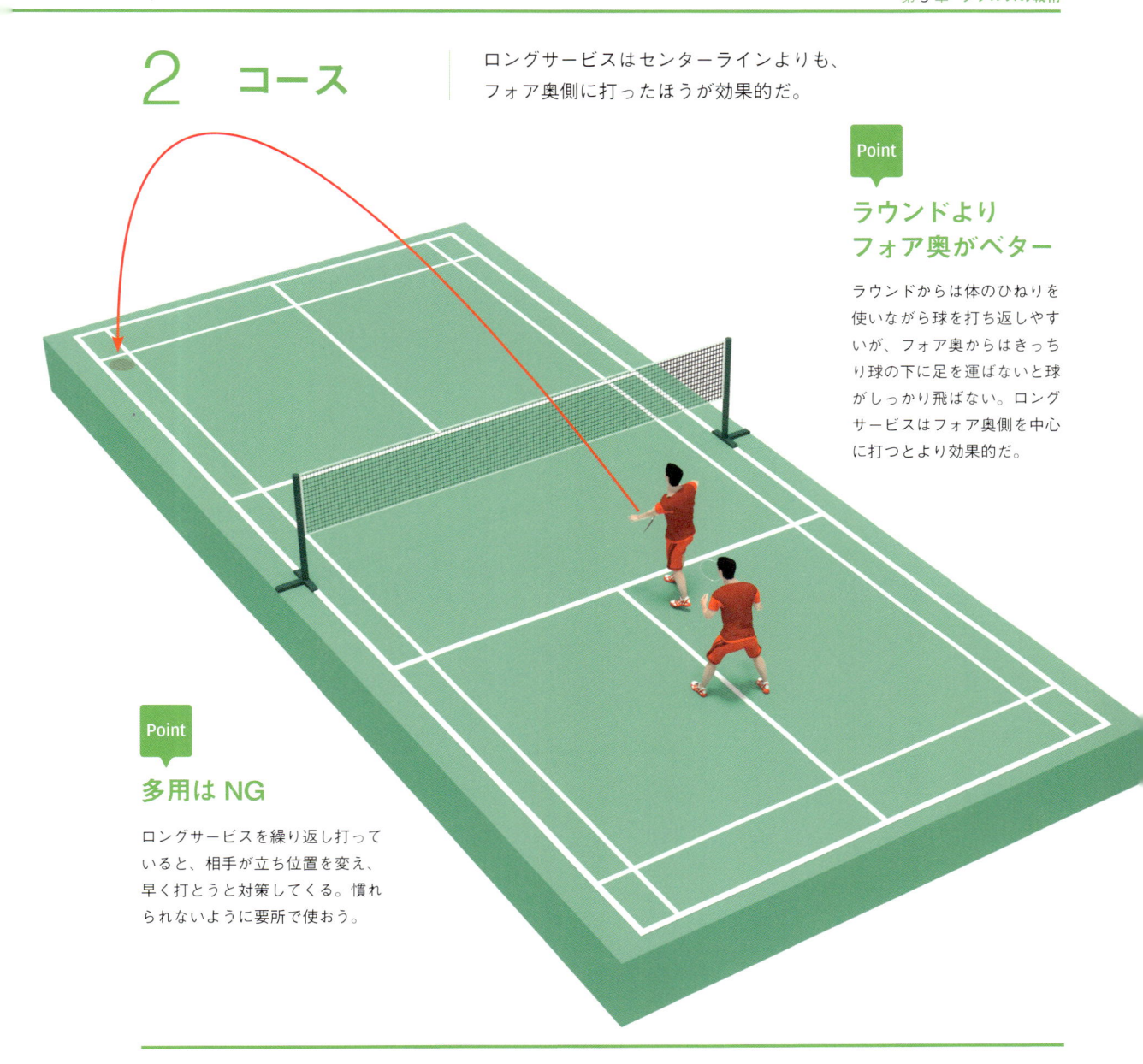

Point

ラウンドより
フォア奥がベター

ラウンドからは体のひねりを
使いながら球を打ち返しやす
いが、フォア奥からはきっち
り球の下に足を運ばないと球
がしっかり飛ばない。ロング
サービスはフォア奥側を中心
に打つとより効果的だ。

Point

多用は NG

ロングサービスを繰り返し打って
いると、相手が立ち位置を変え、
早く打とうと対策してくる。慣れ
られないように要所で使おう。

3　メンタル

ショートサービスがアウトしたり、浮いたりすることが続くと、
逃げの感覚でロングサービスを使う選手がいる。しかし、そん
な弱気は相手にすぐに見抜かれてしまう。「ショートが入らな
いから」という気持ちでなく、「この一打でとる」という強い
気持ちでロングサービスを打ってほしい。

 **ロングを打つ
雰囲気を出さない**

ロングサービスを打つとき、ショートサービスとフォームが変わって
いないか気をつけたい。ロングを打つ前はラケットを大きく後ろに引
いてしまいがち。毎回コート奥へ目線を動かしていないかなど、自分
のクセを知ることも大切。

42 サービスレシーブで流れをつかむ ●対ショート

▶ ショートサービスの返球コースは9箇所

1　後衛にとらせる

後衛にアンダーハンドでとらせるつもりで打つのが、サービスレシーブの基本コース。積極的にポイントをとりにいきたい箇所でもある。ただし、上級者に強く打つと、カウンターで攻め返されやすいので注意。

オーソドックスなコース …… Ⓐ Ⓑ

もっともオーソドックスなのがコート奥に返すⒶとⒷだ。相手のサービスが浮き、早いタッチで打てた場合、ⒶとⒷに打つだけでも点をとりやすい。

体勢を崩す …………… Ⓒ Ⓓ

2人の間を早いタッチで狙えば、相手の体勢を崩すことができ、次にエースを狙いやすい。

2　前衛にとらせる

相手が慣れてきたり、上級者だったりすると基本コースⒶ〜Ⓓだけでは簡単に決まらない。そこでⒺ〜Ⓖに打ち、サーバーに球を上げさせる戦術を加えてほしい。ネットミスをしたりプッシュされたりしないように注意する。

Ⓔが狙いやすい

素早くネット前に落とし、球を上げさせるのが狙い。早く球を相手コートに落とせるⒺは狙いやすいコースだ。

ⒻとⒼはオプションで使う

ⒻとⒼは相手のオープンスペースをつくりやすく有効だが、ラケット面の操作が難しくミスしやすい。多用せず慎重に使おう。

3　ボディに打つ

サーバー、もしくはそのパートナーの体を目がけて球をぶつけ、上げさせることを狙うコース。相手の対応が一瞬でも遅れれば、主導権を握るチャンスだ。

サーバーに向けて打つ ……… H

基本コース A ～ D が打てるようになったら、次に使えるようになってほしいコースだ。サービスレシーバーからの距離が短いので、相手に球を上げさせやすい。

パートナーに向けて打つ …………………… I

序盤でこの位置に打ち、使えるかどうか探っておくとよい。相手がボディまわりの処理が苦手だとわかったら積極的に狙っていこう。得意な場合は、カウンターを食らいやすいので控えること。

Point

返しづらい箇所を狙う

ボディを狙うとき、大事なのはいかにレシーブしづらい箇所に打てるかだ。ラケットを持っている側の肩まわりなどが狙い目。

サーバー側が考えておきたいこと

サービスレシーブは主にこれら9箇所に打たれることが多い。ただし上級者でもサービスレシーブのコースには偏りが出やすいものだ。序盤でどのコースが多いか、必ず頭にインプットしておいてほしい。

43 サービスレシーブで流れをつかむ ●対ロング

▶ ロングサービスの返球ショットは3種類

1　スマッシュ

ロングサービスを返すときは、サーバーに対しスマッシュを打つのが基本だ。せっかくのチャンスを逃さず積極的に攻めよう。ショートサービスばかりに意識が向いていると不意打ちされるので、いつロングを打たれてもいいように備えておく。

サーバーが後ろに下がっているときに打つ

相手ペアはロングサービスのあと、必ず攻撃に備えサイド・バイ・サイドになる。このときサーバーは後ろに下がるので、下がり際に打つと甘い球が上がってきやすい。

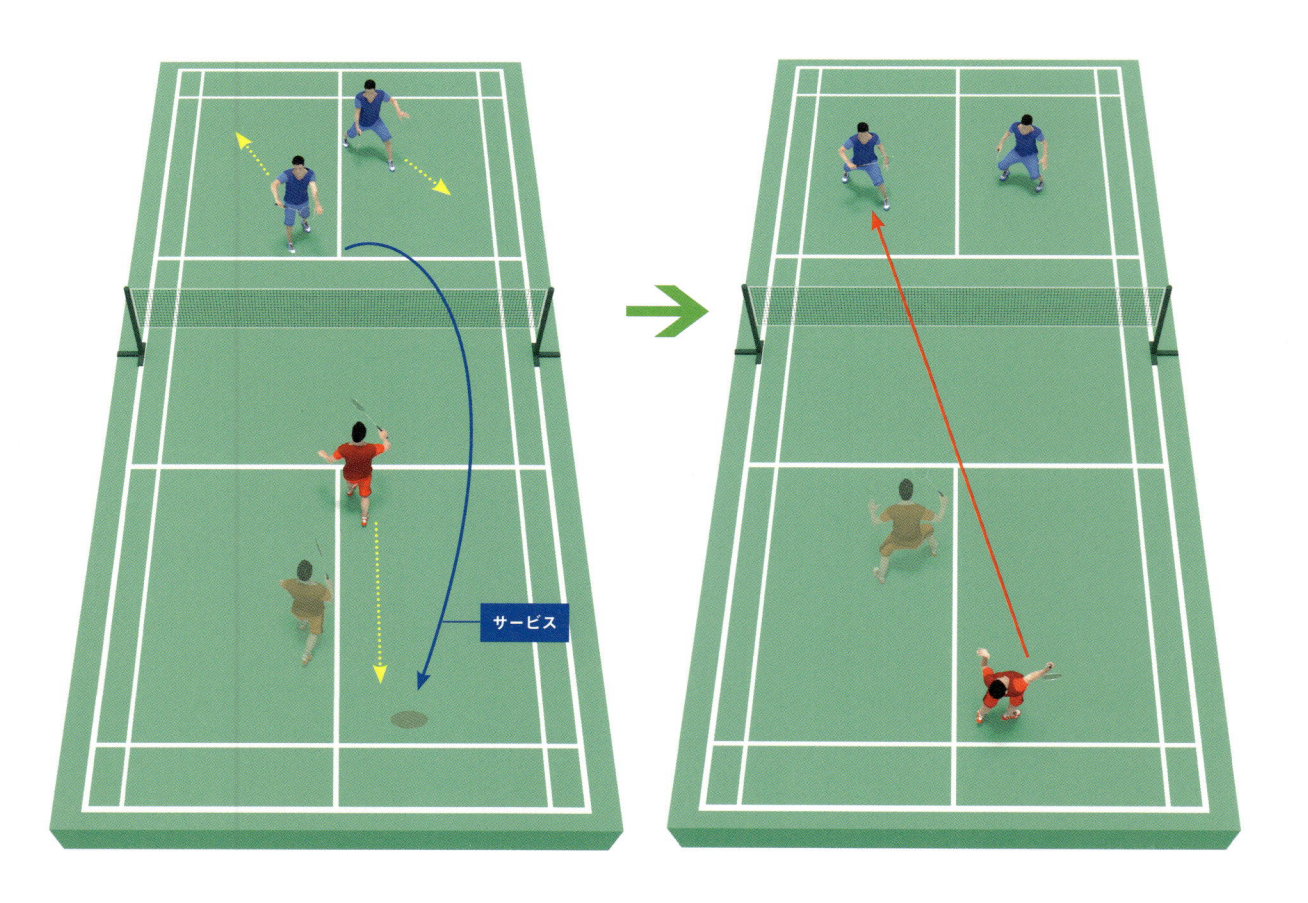

2　ドロップ

相手がサイド・バイ・サイドで、サーバーが後ろに下がったときは、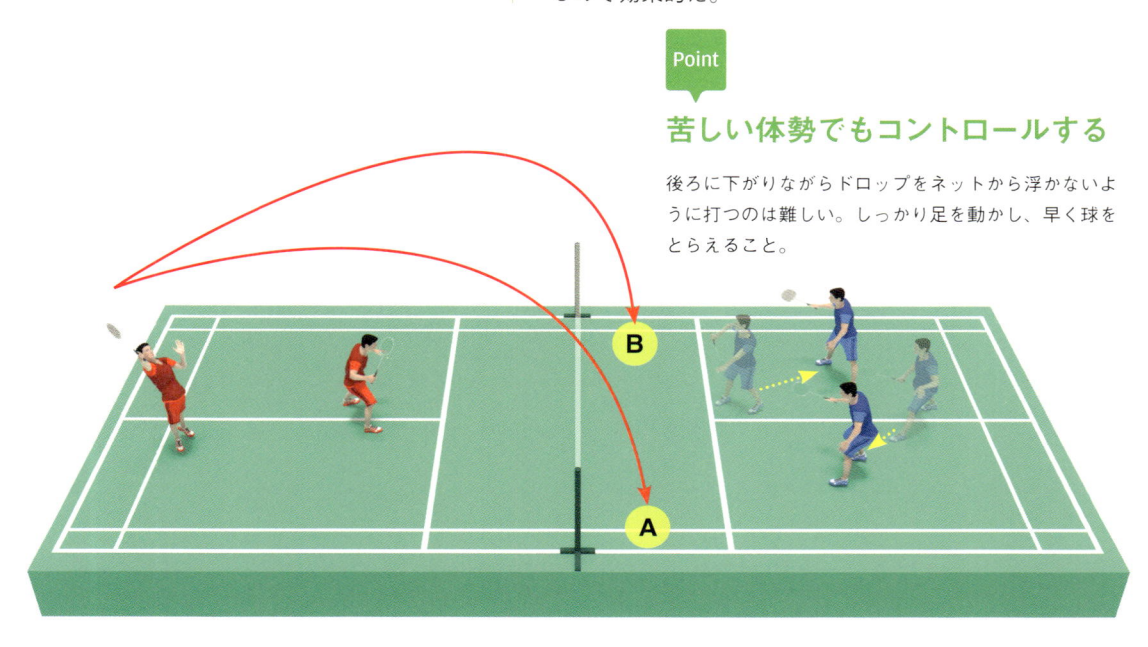 A にドロップを打つと次に甘い球が上がってきやすい。また B を狙うのも、サーバーの前に落とせるので効果的だ。

Point

苦しい体勢でもコントロールする

後ろに下がりながらドロップをネットから浮かないように打つのは難しい。しっかり足を動かし、早く球をとらえること。

3　クリアー

ロングサービスへの対応が遅くなり、どうしても攻撃できない場合がある。そんなときは、クリアーをしっかり奥に打ってしのごう。打ったあとは、必ず自分たちがサイド・バイ・サイドになること。

Point

クリアーは最後の手段

ダブルスではクリアーを打った時点で守りからスタートしてしまうので、できる限り最後の手段にしておきたい。

44 スマッシュはストレートを基本にする

▶ 前衛が球にさわりやすい場面をつくる

1 バック側からの攻撃

トップ＆バックの陣形から後衛がスマッシュで攻めるとき、基本コースはストレートだと覚えておこう。ストレートに打つと、相手からの返球を前衛がとらえやすい。しかし、クロスに打ってストレートに返されると、前衛がとらえにくくなる。後衛はクロスに打ったら、次の球は自分がとりにいくつもりで準備しなければならない。

❶ スマッシュ　❷ レシーブ

❶ スマッシュ　❷ レシーブ

 **ストレートに攻める**

前衛に決めさせたいときはスマッシュをストレートへ。相手からの返球がクロスでも前衛は十分とらえられる。前衛は左回りのローテーションを維持するため、ストレートドライブをしっかりブロックすることを意識。

 **クロスに攻める**

スマッシュをクロスに打ってストレートに返された場合、前衛は球をとらえるのが難しい。後衛が自分でとりにいく場合は、左回りのローテーションを維持するため、ストレートへの返球に早く対応しよう。

2　フォア側からの攻撃

フォア側からスマッシュで攻めるときもストレートを基本にする。理由はバック側から攻める場合と同じだが、もうひとつ理由がある。フォア側からクロスに打つと、返球されたとき、バックハンドで対応しなければならない。するとフォアハンドよりも攻撃力が落ち、形勢を逆転される確率が増すからだ。

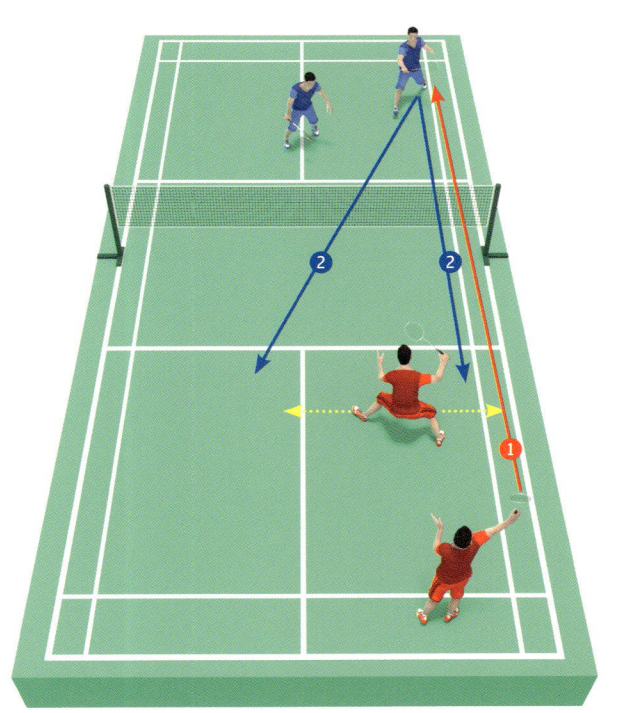

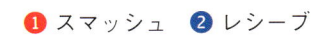
❶ スマッシュ　❷ レシーブ

❶ スマッシュ　❷ レシーブ

 ストレートに攻める

前衛は返球をとらえやすく決定力も高い。相手レシーブのストレートを狙う場合と、クロスを狙う場合で後衛の動きも変わってくる。立ち位置でどちらを狙うのか意思表示をはっきりとしよう。

 **クロスに攻める**

クロスに打ったスマッシュを返球された場合、前衛と後衛のどちらがとるにしても、バックハンドでの対応になる。前衛を抜かれると、後衛が苦しい体勢でのバックハンドを強いられるので劣勢になりやすい。

45 センター攻撃の狙いどころ

▶ センター攻撃の３つのポイント

1 サイド・バイ・サイドの弱点

センター攻撃は相手２人の間を狙い、レシーブを迷わせるショット。相手は互いにお見合いしてノータッチしたり、ラケット同士がぶつかり合ったりする。基本的には２人から同等の距離（赤い線上）が狙い目。

後衛からの視点

▲２人の間を狙って打つ

A ドロップ

連続攻撃で相手２人のレシーブ位置が下がったときに打つと、２人がお見合いしたり、互いのラケットがぶつかったりしやすくなる。

B スマッシュ

センター攻撃の基本となるショット。レシーブされる場合は、センターからレシーブが弱い選手側に寄せたコースに打つとより有利な展開にしやすい。

C クリアー

女子やシニア世代ではクリアーも有効打。相手があまり動けなかったり、疲れていたりしたときにドロップを交ぜながら使うと効果がある。

2 相手ペアが真横に 並んでいる場合

サイド・バイ・サイドは基本的に真横に並ば ず、少し前後にずれることが多いが、ときに 真横に並んでしまう場合がある。そんなとき こそセンターを狙うとより決まりやすい。

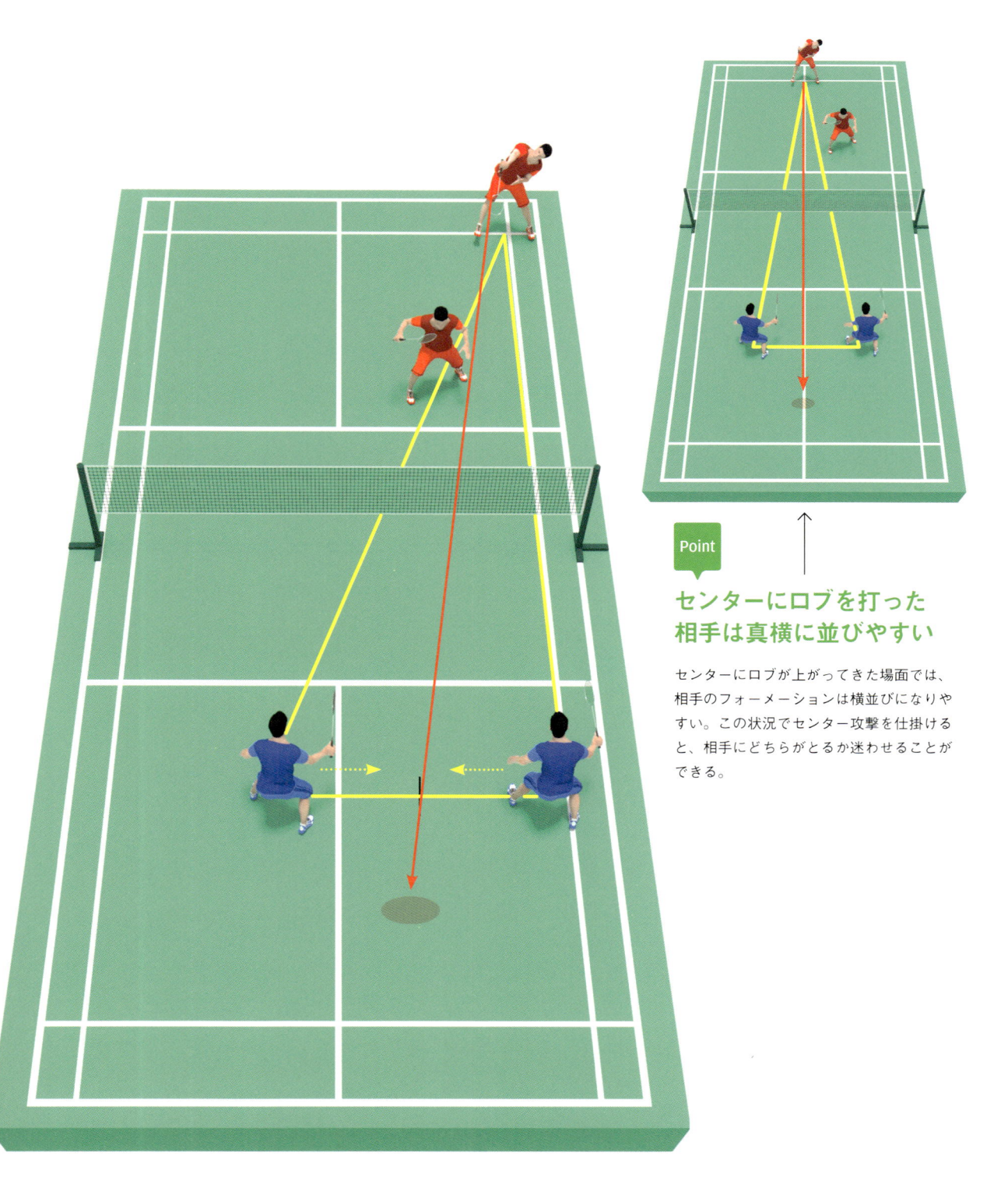

Point

センターにロブを打った 相手は真横に並びやすい

センターにロブが上がってきた場面では、 相手のフォーメーションは横並びになりや すい。この状況でセンター攻撃を仕掛ける と、相手にどちらがとるか迷わせることが できる。

46 前衛は試合をつくる

▶ ゲームコントロールして試合を優位に運ぶ

1 前衛はプレッシャーをかける

前衛は相手のコースを読んで決めることはもちろん、相手の球が少しでも浮いたらプッシュするぞ！　とプレッシャーをかけることも大事。相手が簡単にネット前に落とせずロブを打たざるを得ない状況をつくろう。

打つぞ！の雰囲気だけでよい

前衛が前に詰める場合、実際プッシュが得意でなくても、相手の前に素早く移動し構えること。相手がハーフやロブを打ってきたら後衛に任せよう。

前に落とせない！
プレッシャーをかける！

❶ ドロップ　❷ ロブ

前が空いてる！
前に落とされたからロブだ！

❶ ドロップ　❷ ネット

後衛のドロップを素早く察知し前に詰める

前衛は後ろをほぼ見ないので、後衛のショットは打球音や相手の動きなどで判断し、ドロップを打った側の前に詰めよう。

後衛のドロップがわからず動かない

前衛がドロップに対し前に詰めないので、相手にネットを打たれ簡単にロブを上げさせられてしまい攻守交代になってしまう。

2 前衛は思いきって予測する

前衛は相手のクセが読めてきたら、自分たちが攻めたショットや誘い球を打ったあとに、思いきって動きカウンターを狙おう。読みが当たり続けると相手はドライブや低いレシーブが打てなくなる。

相手が打つ前に役割分担を

もし相手が打つ前に前衛が先に動いて、外れたとしても、後衛は前衛が先に動いた瞬間にカバーする範囲がわかるので比較的カバーしやすい。

自分が打った直後に動いている

ストレートを張る!

クロスは任せろ!

❶ プッシュ

自分たちが打った直後に動いて構える

相手のクセが読めてきたら、自分たちが打った直後に次にきそうなコースへ動いて構えよう。準備が早いと速いショットにも対応しやすい。

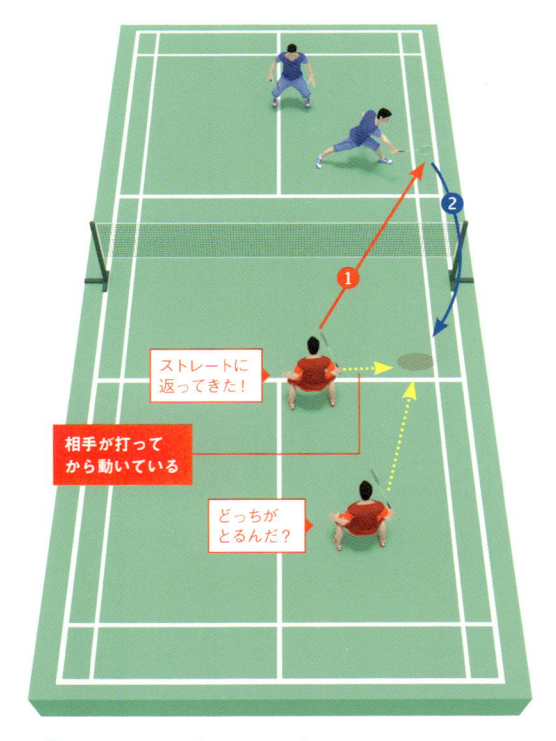

ストレートに返ってきた!

相手が打ってから動いている

どっちがとるんだ?

❶ プッシュ　❷ レシーブ

相手が打った直後に動いて打つ

相手が打ってから動こうとするので、速いショットには間に合わないことも多く、結果的に味方の後衛を惑わせることになる。シングルスプレーヤーに多い。

47 体まわりを集中して狙う

▶ 体まわりのレシーブしづらい場所を連続で攻める

シングルスでは相手の立ち位置から離れたオープンスペースを狙うことが多いが、ストレート攻撃が基本のダブルスでは、正面にいる選手の体まわりが有効的な狙いどころだ。

相手は速い球を体まわりに打たれるだけでもレシーブしづらい。さらに体のバック側とフォア側のコースを変えて連続攻撃されると、思い通りに返せなくなる。

❶ 1球目……バック側を狙う
❷ 2球目……バック側を狙う
❸ 3球目……フォア側を狙う

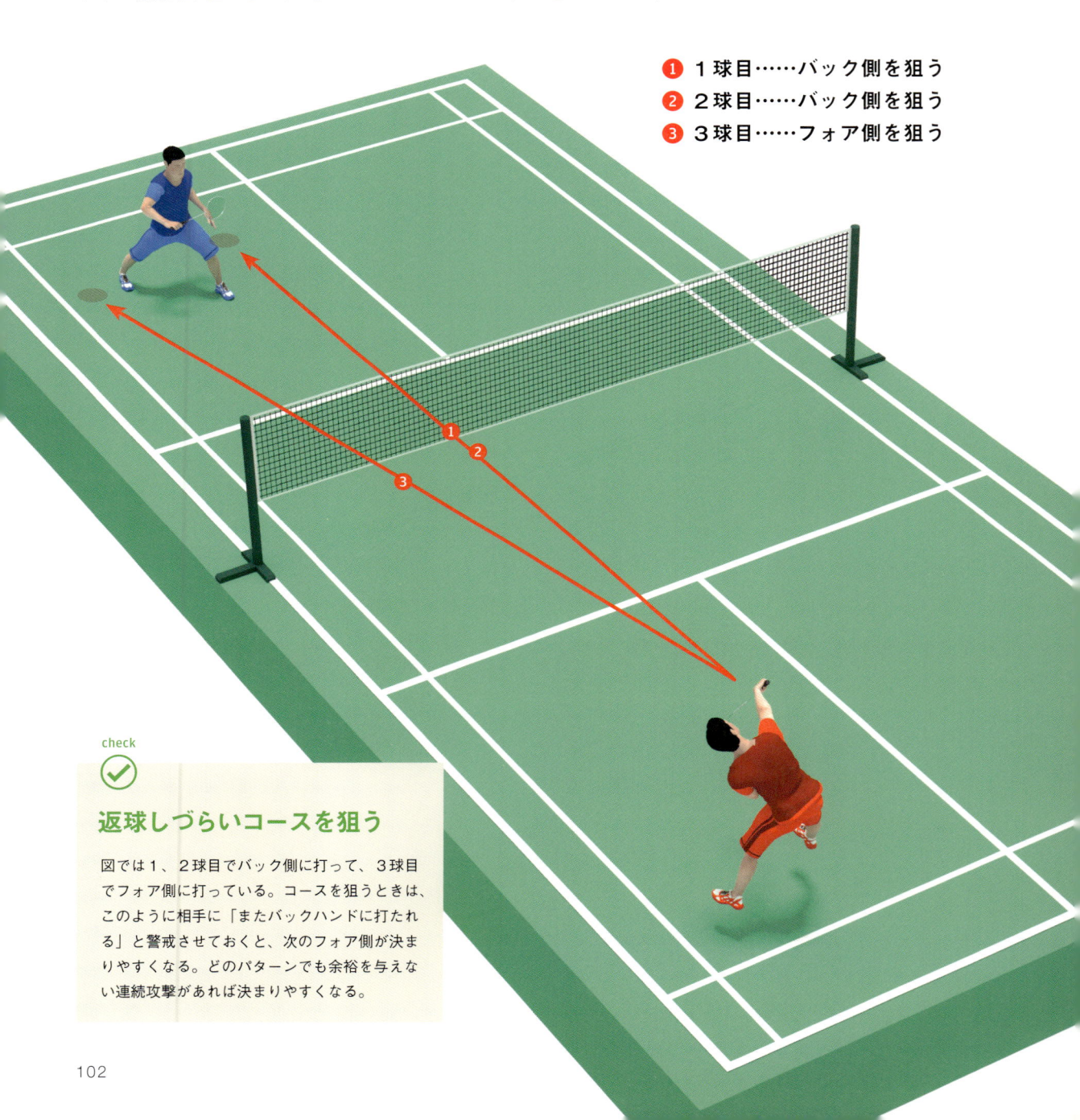

check ✓

返球しづらいコースを狙う

図では1、2球目でバック側に打って、3球目でフォア側に打っている。コースを狙うときは、このように相手に「またバックハンドに打たれる」と警戒させておくと、次のフォア側が決まりやすくなる。どのパターンでも余裕を与えない連続攻撃があれば決まりやすくなる。

48 肩口の縦ラインを攻める

▶ 肩口の縦ラインで迷わせる

　体まわりのなかでとくにレシーブの弱点になり
やすいのは、ラケットを持つ手の肩口、さらにそ
の縦ラインだ。縦ラインに打たれると、フォアハ
ンドでもバックハンドでも対応できるので、どう
返球するか迷いやすいうえ、振り遅れが出やすい。

　左ページで解説した攻め方に縦ラインを組み込
むと決定率も上がるはずだ。ただし、狙いが外れ、
体の正面に打ってしまうとカウンターを打たれる
ので精度が重要。なお、挙げている攻撃法はあく
まで一例なので、自分の必勝パターンを見つけよう。

肩口の縦ラインを狙った攻撃法1

❶ バック側
❷ 肩口の縦ライン

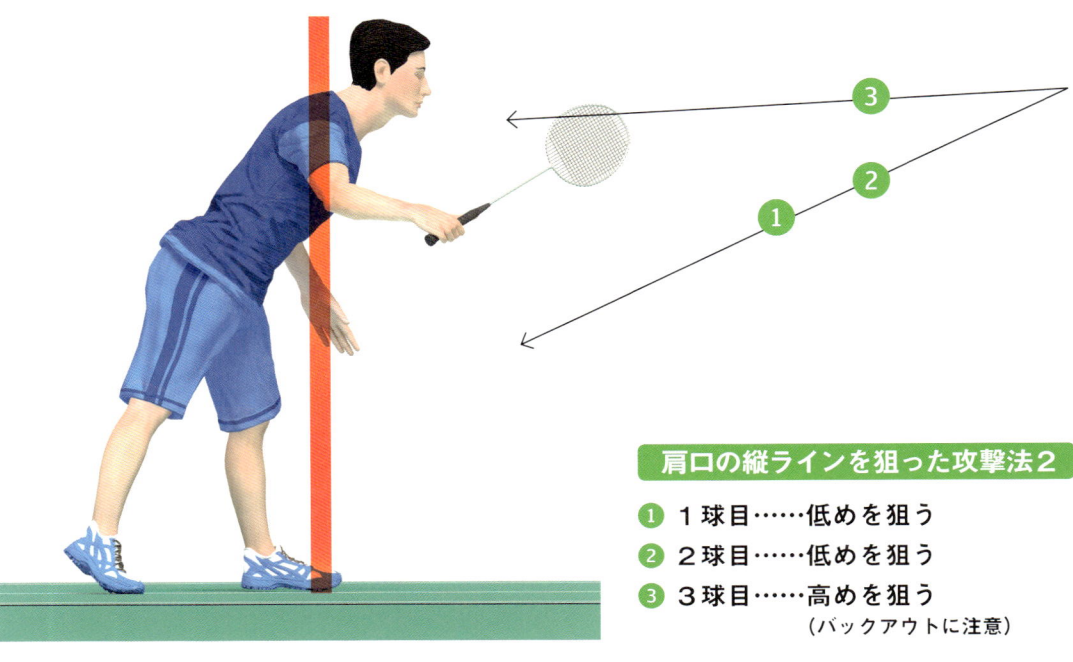

肩口の縦ラインを狙った攻撃法2

❶ 1球目……低めを狙う
❷ 2球目……低めを狙う
❸ 3球目……高めを狙う
　　　　　　（バックアウトに注意）

49 後衛がいる場所へ連続して打たない

▶ 後衛を大きく動かすのがセオリー

　ダブルスでは相手の球はストレート中心に飛んでくると P96 で話した。では、そのストレートに対し、どう返球するか。考え方の基本になるのは、後衛へとらせたい場合、同じ場所に連続してロブを打たないということだ。

　相手からストレートに球が飛んできて、もう一度、同じところに返した場合、相手は動いていないので次の準備が早く、より高い打点から強く攻撃される。それを防ぐためには、クロスへ返球して後衛を動かさなければならない。

　しかし、後衛を動かす場合は相手前衛に打たせない高さやコースにも注意しよう。

左側から攻めてくる場合

 スマッシュ　■…狙うエリア

check ✓

相手の攻撃の位置によって狙うエリアが変わる

左回りのローテーションの関係上、コート右側から攻めてくる場合と左側から攻めてくる場合で狙うエリアが変わる。

右側から攻めてくる場合

❶ スマッシュ　■…狙うエリア

check ✓

相手のレベルを見極める

図中で示したエリアを狙うのが基本だが、相手のレベルが上がったらより厳しいコースを狙う必要がある。逆に、動きが遅い相手であれば、多少コースが甘くなっても攻められにくい。相手のレベルによって、コースを見極めよう。また、左利きのいる相手の場合は狙うエリアが変わるので注意。

50 クロスレシーブを磨く

▶ **前衛につかまらないようしっかり打ち上げる**

　左ページで話したように、クロスレシーブはダブルスで勝つうえで大事な一手になる。しかし、多くの人は基礎打ちを半面コートで行うため、クロスへしっかりレシーブすることに慣れていない。仮にクロスに打てても前衛につかまる高さにしか打てなかったら、カウンターで返されてしまうだ

ろう。普段からクロスへしっかりレシーブする練習を取り入れてほしい。

　その際、立ち位置 Ⓐ と Ⓑ どちらからでもクロスにレシーブできるようにしておくこと。さらに Ⓑ からはフォアハンドでもバックハンドでも打てるので両方練習しておくとよい。

check

✓

Ⓑ からの返球は難易度が高い

Ⓑ からクロスレシーブするのは、Ⓐ からより難易度が高い。フォアハンド、バックハンド両方からクロスレシーブを打てるようにしよう。

フォアのパターン

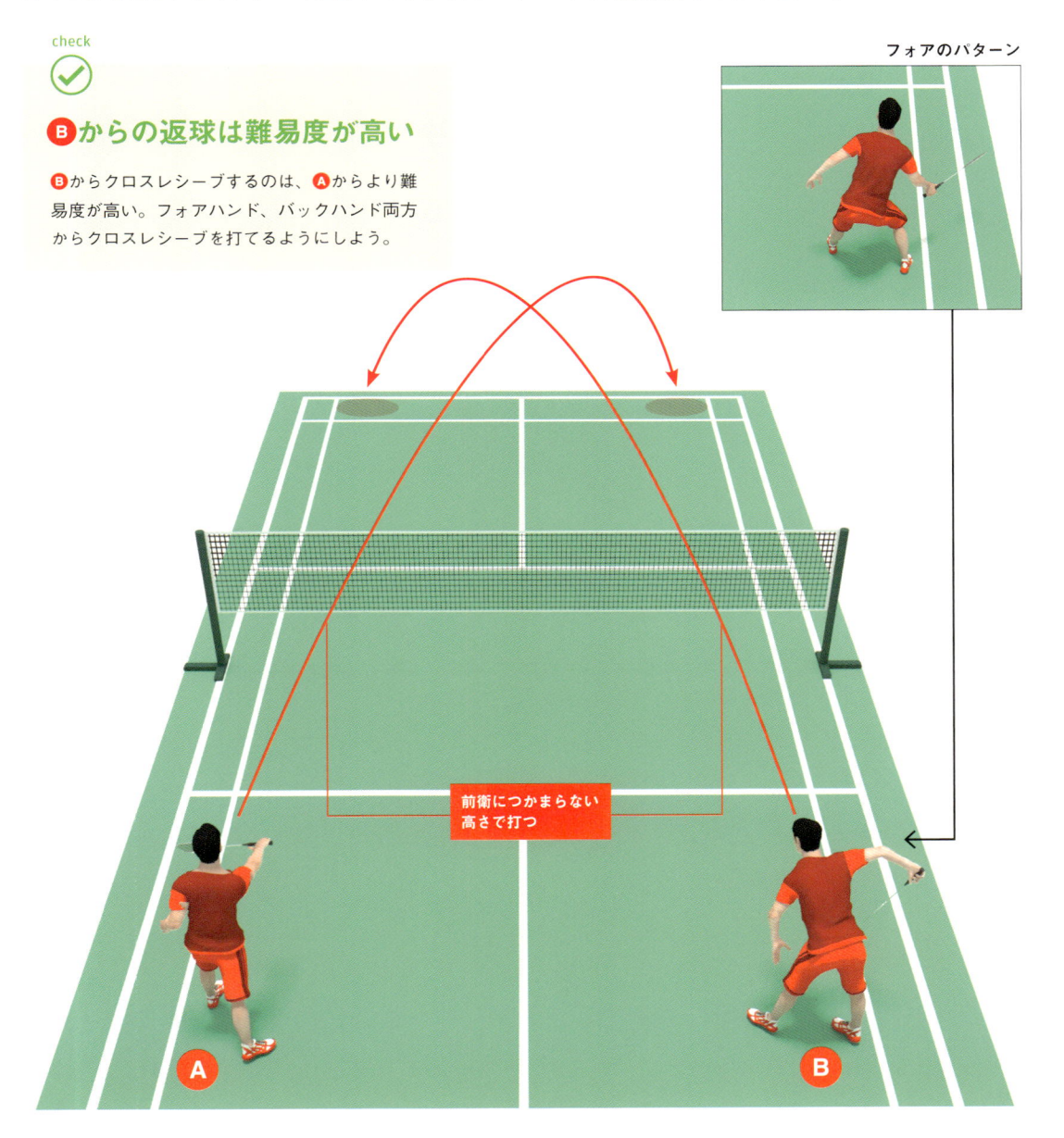

前衛につかまらない高さで打つ

51 前衛はシャトルが通過した側に動く

▶ 後衛の打った球が自分の横を通過した直後に動く

　トップ＆バックのとき、後衛が攻撃したあと、相手の返球を前衛が早くさわれれば得点できる可能性が増す。そんな場面をつくるために、前衛は相手が打つ前に球が飛んでくる方向を予測し、動き始めることが大切だ。動く方向を決める判断材料になるのは、後衛が打った球が自分のフォア側とバック側どちらを通過したかだ。視界に羽根が入ってきた瞬間、通過したサイドへ動き出そう。

　相手が打ってから動き始めるシングルスと大きく異なる点だ。もし予測が外れたとしても、他のエリアは後衛がカバーしてくれるので、前衛は早く球にさわることを優先し、思いきった動きができる。

後衛がストレートに打った場合

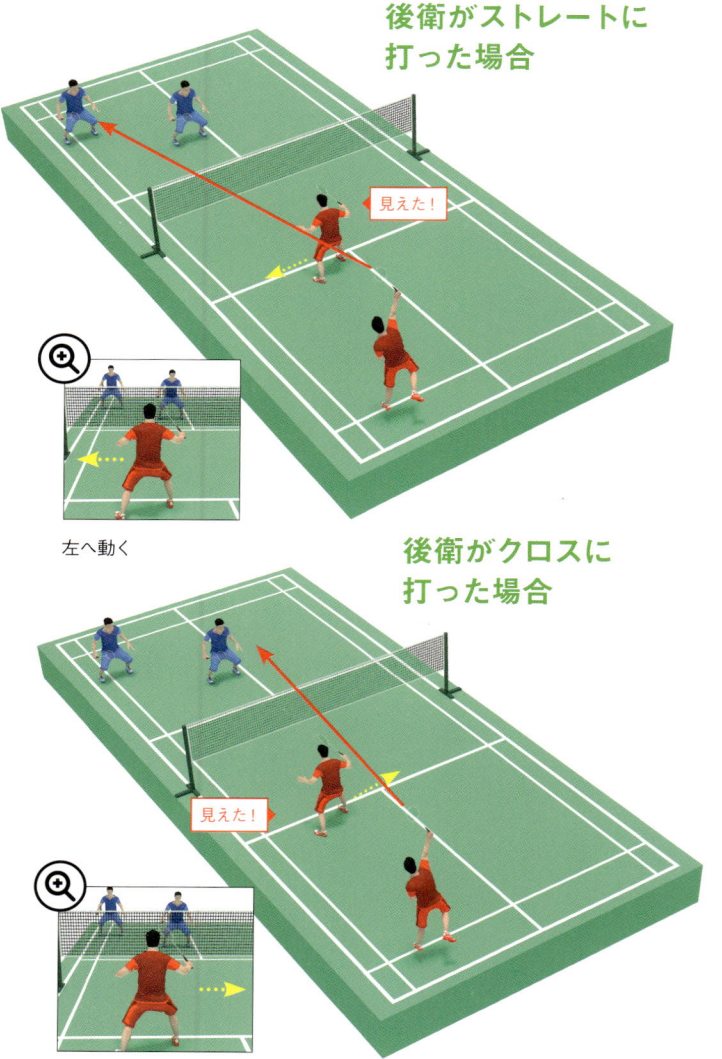

見えた！

左へ動く

後衛がクロスに打った場合

見えた！

右へ動く

⚠ フォア側は注意

フォア前には前衛がとりにいくのか、後衛が前に出るのか、ペアであらかじめ話し合っておくのが鉄則。ただし、フォアサイドにいるとき、前衛が右側に寄った場合、クロスに大きく返されたら、後衛が拾いにいかなければならないので、「ローテーションは左回り」のセオリーが崩れる。

52　レシーブの返球コースを覚える

▶ ストレート側にしか返球されない体勢を見極める

　相手のボディまわりに差し込む球を打てたとき、次の球のコースはおおよそ決まっている。そうなる場合の相手のフォームと返球コースを覚えておこう。相手を追い込めたら素早く球をとらえ、ラリーを決めにかかってほしい。

🅐 への返球率が高いレシーブ体勢

フォア側で体より後ろや体の正面でとらせると、🅐への返球率が高い。

フォア側のレシーブ体勢の例

🅑 への返球率が高いレシーブ体勢

バック側で体より後ろや体の正面でとらせると、🅑への返球率が高い。

バック側のレシーブ体勢の例

53 プッシュを打てる高さで前に落とす

> ▶ 相手の打つコースを読んで前にブロック

　ネット前に浮いてきた球を目の前にすると、プッシュを打って決めたくなる。しかし、プッシュをレシーブされたら、リターンが速い分、リスクもともなう。

　そのためプッシュを打てる高さでもあえて前に落とす（ブロックする）というバリエーションを増やしてほしい。プッシュだけでなく、ブロックで落とされる可能性があることを相手に見せておくと、相手のレシーブが乱れやすくなるうえ、体力も奪える。とくにシニアやレディースではとても有効なショットなので、ぜひ使えるようにしよう。

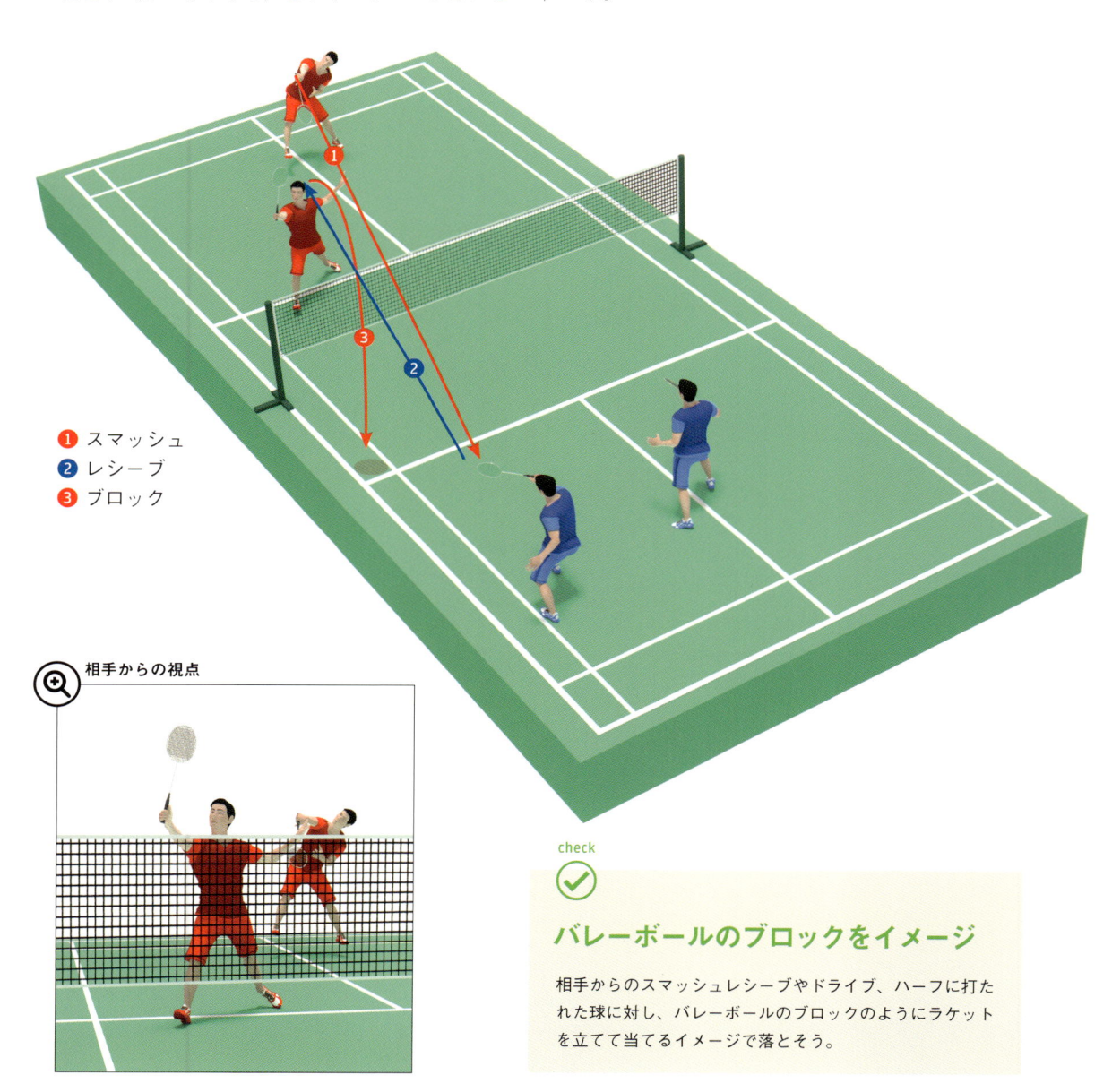

❶ スマッシュ
❷ レシーブ
❸ ブロック

🔍 相手からの視点

check

✓

バレーボールのブロックをイメージ

相手からのスマッシュレシーブやドライブ、ハーフに打たれた球に対し、バレーボールのブロックのようにラケットを立てて当てるイメージで落とそう。

54

ハーフ球はネットの越え方が重要

▶ 相手に叩かれないハーフ球を打つ

　ハーフからネット前への球は、コントロールが悪くなると、プッシュされたり、スマッシュされたりするリスクが高い。ハーフ球の軌道の頂点は必ず自陣に置くのが、打ち込まれないための最大のポイントだ。

check

ネットを越えるときの
羽根の角度に気をつける

羽根がネットを越えるとき、相手が返しづらい角度と、返しやすい角度がある。ハーフ球はネット際に沈む角度に気をつけて打つこと。

 GOOD　床に対し45度

相手は手首より下からラケットを出して打つことになり、ネットかロブのどちらかしか返ってこず、優位を保ちやすい。

 床に対し垂直

滞空時間が長く、オープンスペースに打つときは決まる確率が高い。しかし、相手が打った場所の近くにいると、プッシュやクロスネットを返されやすい。

 NG　床に対し平行

打つショットは速いが、相手からの返球も速くなる。白帯ギリギリに打てたとしても、カウンター気味に打たれると劣勢になりやすい。

55 ハーフを使いロブを上げさせる

▶ いかに前衛を抜くかがポイント

ロブやクリアーをコート奥に上げたときはサイド・バイ・サイドの陣形になるが、それ以外の場面では相手も自分たちもトップ＆バックの陣形になっていることが多い。その場合、相手2人の間になるハーフ付近に打って、球を上げさせるように仕向けてみよう。

いかにもネット前に落とす場面で、相手前衛を少し見ながら、前衛がネット前に詰めてきたら、ヒットの直前にコースをハーフに。前衛をしっかり抜くことがポイント。ただし、打点が低い位置からではハーフは難しいので無理に使わないようにする。

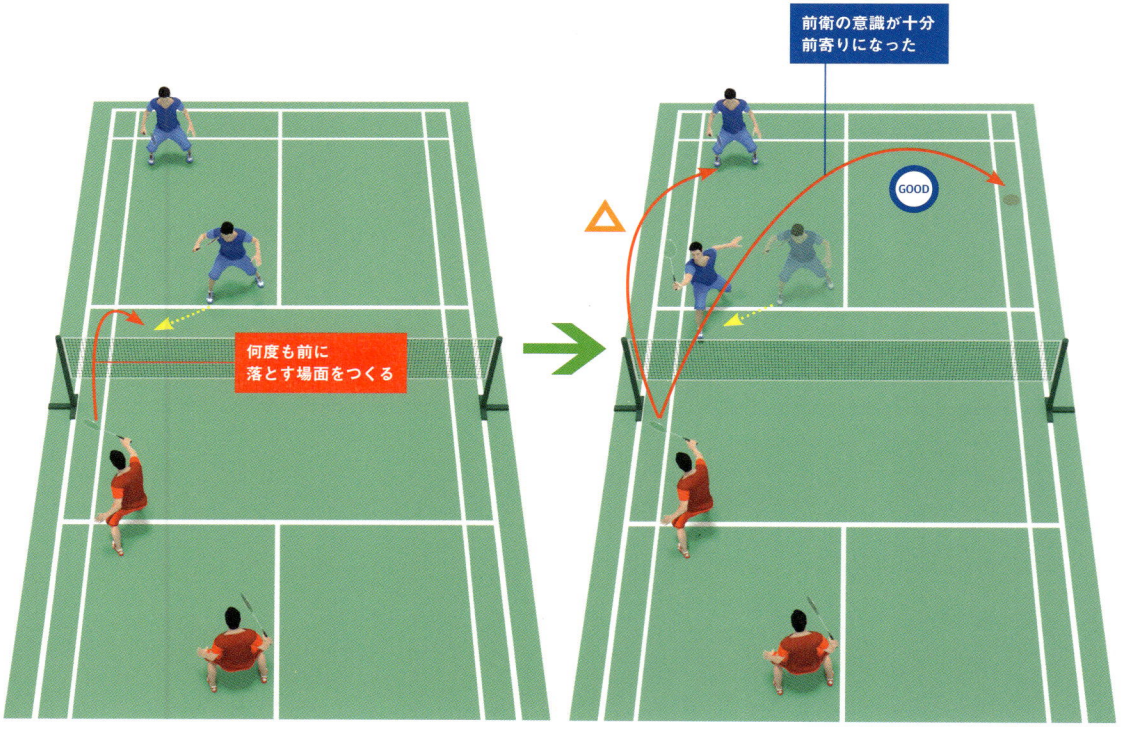

何度も前に
落とす場面をつくる

前衛の意識が十分
前寄りになった

 ストレートハーフ

前衛のフォアにつかまったり後衛にアタックされたりする可能性が高い

 クロスハーフ

前衛を抜けばオープンスペースになる

 check

潜り込むようにハーフに打つ

シングルスのように手首より下で打つとコースを読まれやすいので、できるだけ手首より上で、羽根に潜り込むようにしてハーフに打とう。

check

打点が低いときは
クロスが有効

ハーフへ打つ場合、高い打点ならストレート、クロスどちらにも打てるが、低めになると前衛のフォア側をストレートで抜こうとするのはカウンターされるリスクが高い。打点が低くなったら、前衛を抜く高さでクロスに打とう。

前衛が届かない
高さがポイント

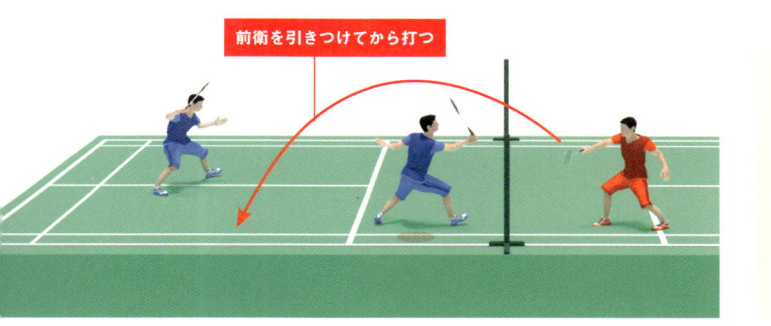

前衛を引きつけてから打つ

check

ストレートは相手を
引きつけてから

ストレートに打つ場合、相手に読まれるとカウンターを打たれるので、前に落とすと思わせてしっかりネット前に引きつけてからストレートに打つ。

check

相手にバックハンドでとらせる

バックハンドが苦手な前衛ならば、ストレートでもクロスでもあえてさわらせることでミスを誘う可能性が増す。ここは相手にとってコントロールが難しくミスしやすい場所だ。

バックハンドで
とらせる

56 得意な陣形に持っていけない場合

▶ 前衛が後衛に、後衛が前衛に回されたときは時間を稼ぐ

前衛がネット前でゲームメイクし、アタック力のある後衛に打たせて決めるのはダブルスの定石だ。しかし、対戦相手が前衛をコート後方にくぎ付けして、自分たちの得意パターンに持っていけないことがよくある。

そんな場合、相手はロブやクリアーをクロスに打って前衛を下げて後方で球をさわらせ続けようとしていることが多い。前衛の決定力が不足しているのを利用し、相手は攻撃が甘くなる好機をうかがっているのだ。自分たちが得意な陣形に戻るためにはどうしたらよいか、考えていこう。

→ これが相手の得意パターン

決定力に欠ける相手前衛を後方で振り回し、反撃する

相手は前衛が得意な選手をコート後方で打たせ続けチャンスを狙う。攻撃力が劣る前衛に打たせたスマッシュをクロスにレシーブし、左右に動かして、甘い球を打たせようとしている。チャンス球がきたら、最後はネット前にいる後衛に打ち込んでくることも。後衛は球にさわる数が少ないぶん、ラリーのリズムに乗れていないので決められやすく、精神的ダメージを受けやすいためだ。

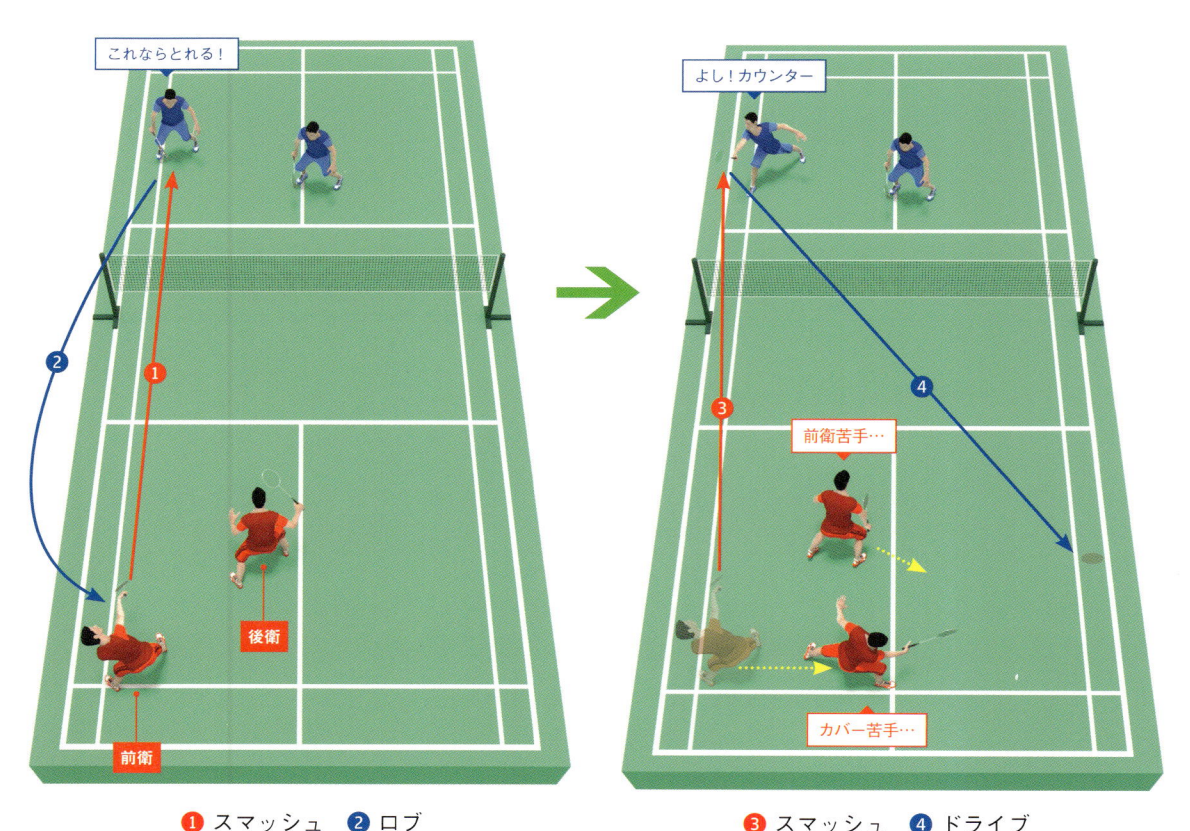

❶ スマッシュ ❷ ロブ　　　　　❸ スマッシュ ❹ ドライブ

TACTICS

前後を入れ替わる時間をつくる

▼

TACTICS 1 滞空時間の長いドロップで時間を稼ぐ

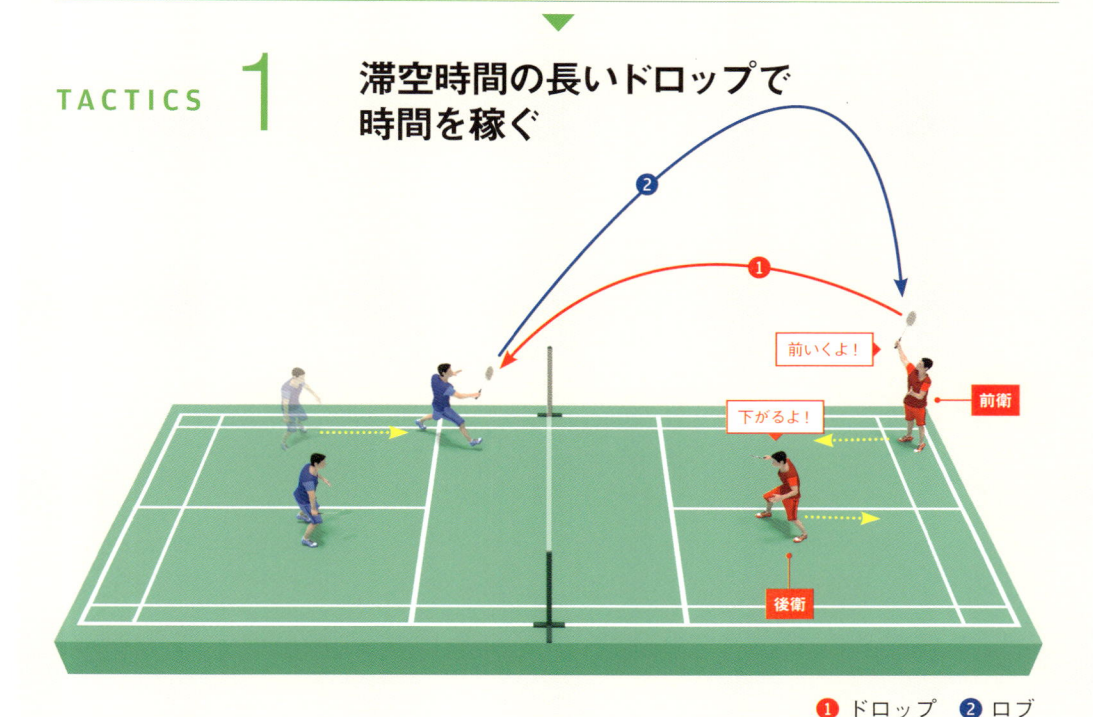

前いくよ！

前衛

下がるよ！

後衛

❶ ドロップ　❷ ロブ

Step 1 ドロップを打つ

得意な陣形になるために、前後を入れ替わるための時間が必要だ。滞空時間の長いドロップを打って、そのままドロップを追いかけるように前衛はネット前に出よう。

↓

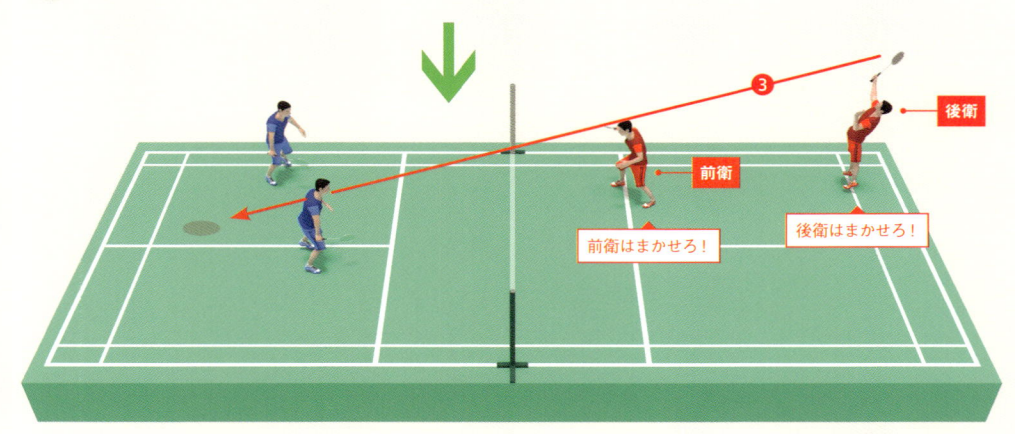

後衛

前衛

前衛はまかせろ！

後衛はまかせろ！

❸ スマッシュ

Step 2 前後を入れ替わる

前衛がドロップを打って前に出始めたと同時に前にいる後衛も後ろに下がること。上級者はドロップだけではなく、球速の遅いスマッシュを使ってもいい。その場合、しっかりスマッシュを沈めることが前後を入れ替わるコツだ。

TACTICS 2 　相手のラウンド側にクリアーを打つ

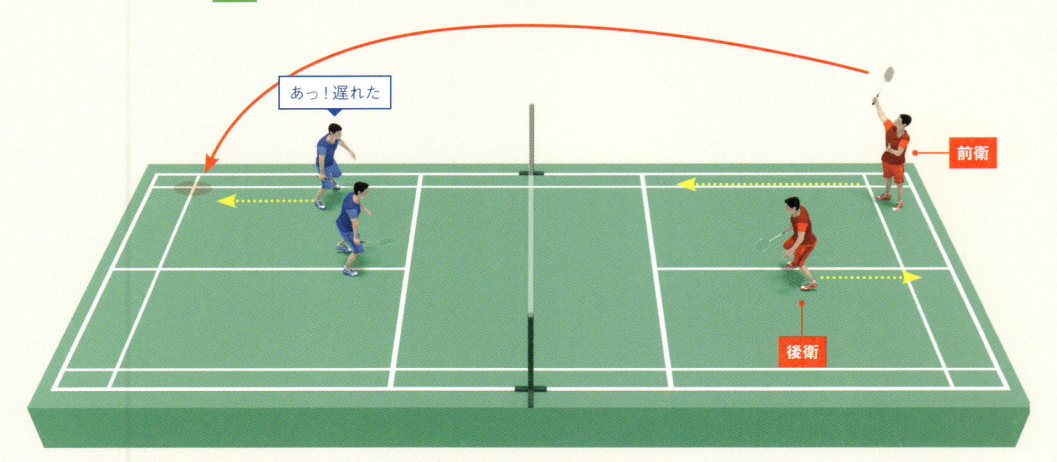

前衛と後衛が前後に入れ替わる時間をつくるために、返球が難しい相手のラウンド側にクリアーを打ち、時間を稼ぐ方法がある。この場合、素早く前後に入れ替わることを意識する。自陣コートの右前にオープンスペースができやすいので、対応が遅いと狙われる。

TACTICS 3 　2人のセンターにクリアーを打つ

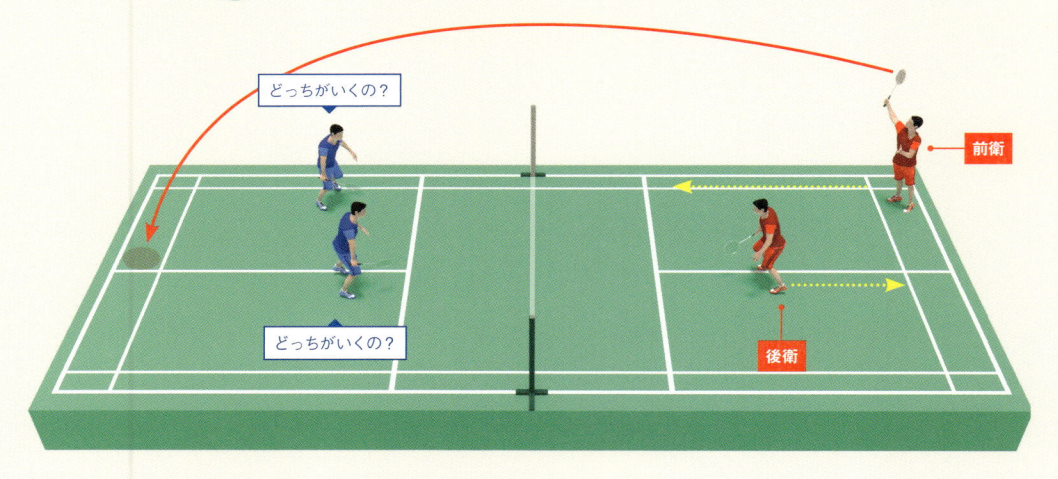

対戦相手2人の間はどちらが打つか迷いやすい位置で、対応が遅くなることがある。そこで2人の間にクリアーを打ち、入れ替わる時間をつくろう。対戦相手の力が劣るほうに寄ったコースなら、なお効果的だ。

まとめ　前衛と後衛の役割がはっきりしているペアに対し、相手は得意な陣形にさせないよう前衛をコート奥へ下げようとするだろう。その場合はドロップやクリアーでしっかりコースを狙い、入れ替われる時間をつくりながら前後を交替しよう。1回で入れ替われるとは限らない。紹介した戦術を我慢強く試しながら自分たちの形にし、勝機を探ろう。

57 ダブルスが苦手なパートナーと組む場合

▶ 役割分担をはっきりさせ、自分のプレーに集中させる

　自分よりもパートナーの力が劣る場合、相手の攻撃がパートナーに集中することが少なくない。そんなとき、なんとかカバーしようと広く動いて、逆にオープンスペースができ、流れを悪くしてしまうことがある。また、ときどき強いほうの選手がほとんどの球をとりにいき、まるでシングルスのように試合を進めるペアも見かける。しかし、これではダブルスをしている意味がない。

　ペアに力量差があるとき、2人のよさを試合で出すためにはどうしたらよいか。役割分担をはっきりさせることで互いのよさを出していこう。

→ これが相手の得意パターン

決定力に欠ける選手に打ちラリーを終わらせる

　対戦相手は力量が劣るほうに球を集めてくるものだ。動かして打たせているうちに、チャンス球が上がってくるのを待っている。またラリー中、力のあるほうの選手は球にさわる機会をつくろうと徐々にパートナーに寄りがちになる。相手はそうして空きスペースができることも狙っている。相手はいざチャンスがきたときは、今まで球にさわれなかった強いほうに打つことも。

パターン１

パートナー …スマッシュが速いシングルタイプ

ごめん！抜けた

パートナー

抜けてきた！

❶ スマッシュ　❷ レシーブ　❸ ドロップ　❹ プッシュ

パターン２

パートナー …レシーブは得意だが動くのは苦手なタイプ

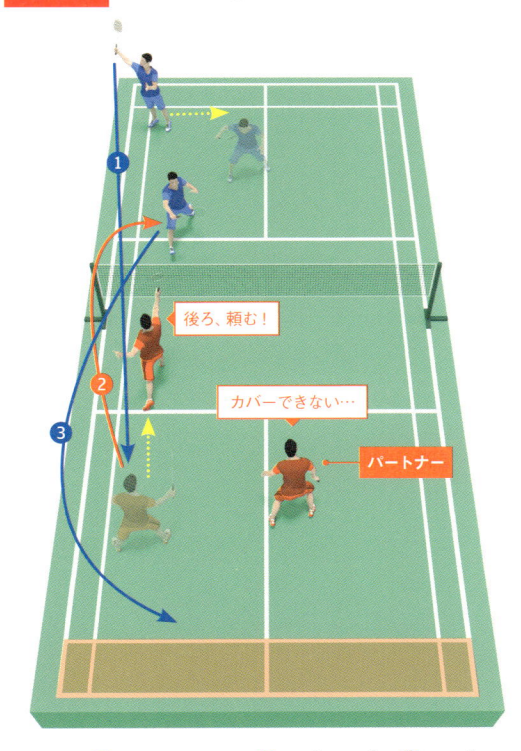

後ろ、頼む！

カバーできない…

パートナー

❶ スマッシュ　❷ レシーブ　❸ ロブ

TACTICS

役割分担をはっきりさせる

▼

TACTICS 1 ゲームメイク役に徹し、
パートナーに決めさせる

パートナー …スマッシュが速いシングルスタイプ

Step 1 ネット前に入り、球を上げさせる

パートナーがゲームメイクする器用さには欠けるが、上がった球を追いかけ、打ちきる力がある場合、自分がネット前に入って相手に球を上げさせる状況をつくる。

Step 2 パートナーがエースショットを打つ

パートナーにはあらかじめ、上がった球を決めることに専念してほしいと伝え、自分は前衛でゲームメイク役に徹する。この状況をうまくつくれると、パートナーは気持ちよく打てるので、自分たちのリズムになりやすい。

パートナー

1 スマッシュ **2** レシーブ **3** ネット **4** ネット

TACTICS 2

ミックスダブルス形式をとり、パートナーを前衛に

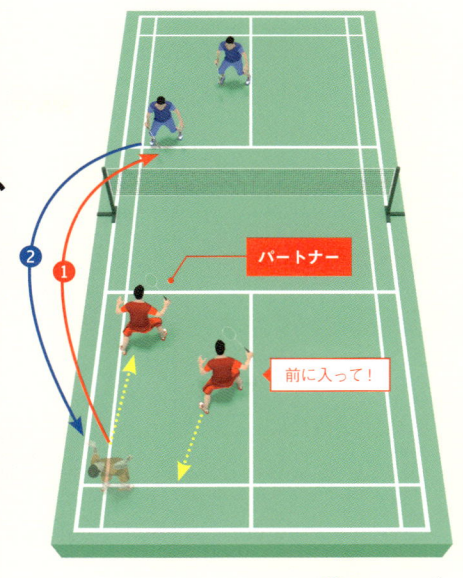

パートナー …レシーブは得意だが動くのは苦手なタイプ

❶ ドロップ
❷ ロブ

Step 1 パートナーはネット前に早く入る

パートナーが打ちきる力やコートカバー力に欠けている場合、混合ダブルスの女子の役割のようにネット前にきた球を返すことに専念させる。そのぶん、遅い球を確実に沈め、速い球には無理にさわらないことを意識してもらうとよい。早くネット前の球を確実に抑えてもらえれば相手にプレッシャーを与えられる。

Step 2 自分はコートの4分の3をカバー

パートナーがネット前で打っているとき、ほかのコート4分の3のエリアは自分が担当するイメージを持つ。前衛は数ラリーごとにネット前の担当範囲を変えていこう。

カバーする範囲

まとめ　ペア同士の力量差がある場合、まずは2人で相談しながら前衛後衛の分担を決めよう。パートナーにアタック力があるなら、自分が積極的に前衛に入りゲームメイクに徹する。相手に高いロブを打たせるような配球を心がけよう。パートナーがまだ初心者などで自分が後衛に回るときは、前衛にフォア前かバック前の1箇所の処理をお願いし、他の箇所をカバーしながら勝機を探ろう。

58 ノーロブが得意な相手の場合

▶ **低く速い展開を好むペアにはラリーを大きくせよ**

相手に球を上げさせるために、高いロブやクリアーを徹底して使わず、ネットのすぐ上を通る弾道で羽根を連打するダブルスのスタイルがトップ選手の主流になっている。このスタイルは球回しが速いため、少しでも反応が遅れると、打点が下がり、簡単に球を上げさせられてしまう。

そんなときはバドミントンの原点に戻り、相手の球をしっかりコート奥に高く返そう。十分高く上がっていれば、相手がどんな強い攻撃をしてきても簡単に決められることはない。相手を前後に動かすのも作戦の一つ。ノーロブが得意な相手を攻略する戦術を考えていく。

→ **これが相手の得意パターン Ⓐ**

ロブと見せかけクロスハーフ

相手が羽根をとらえた高さが低ければ、ロブが飛んでくることが多いが、ノーロブが得意な相手はクロスのハーフや、いいクロスネットを打ってくる。そのため、ロブを予測していた側は慌てて球のほうへ走り、球を上げざるを得ない。相手はチャンスをつくってフィニッシュするのが得意だ。

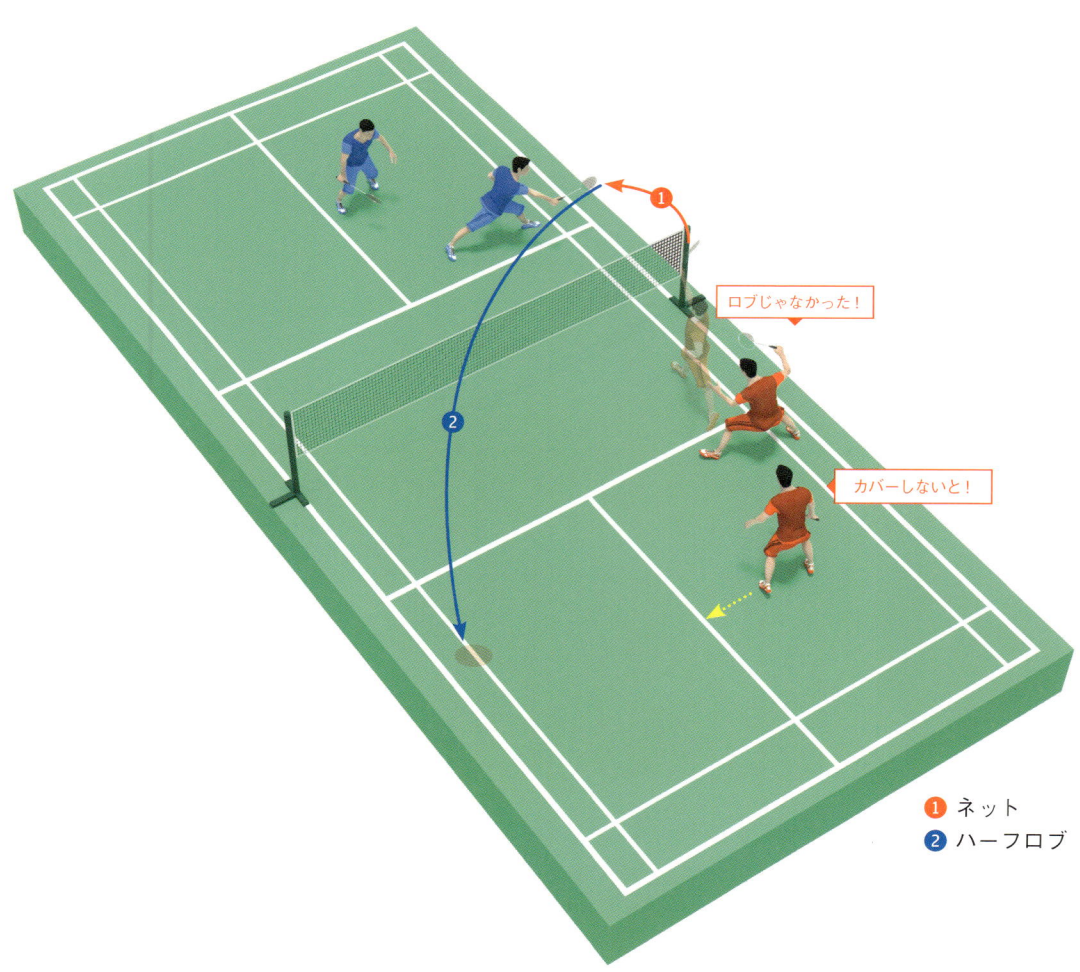

ロブじゃなかった！

カバーしないと！

❶ ネット
❷ ハーフロブ

→ **これが相手の得意パターン Ⓑ**

ドライブと見せかけ
クロスドロップ

ノーロブが得意なペアのよくある展開として、ドライブの応酬になっているとき、ストレートのドライブと見せかけ、クロスに沈むドロップを放つパターンがある。速い打ち合いをしているなかで、クロスにコースを変えることは難しいが、ノーロブが得意なペアは、速い展開のなかでもしっかり球をコントロールしてくる。不意を突かれる形でクロスに沈むドロップを打たれると、後衛は対応が遅れて球を上げざるを得ない状況にさせられる。

❶ ドライブ
❷ ドライブ
❸ ドロップ

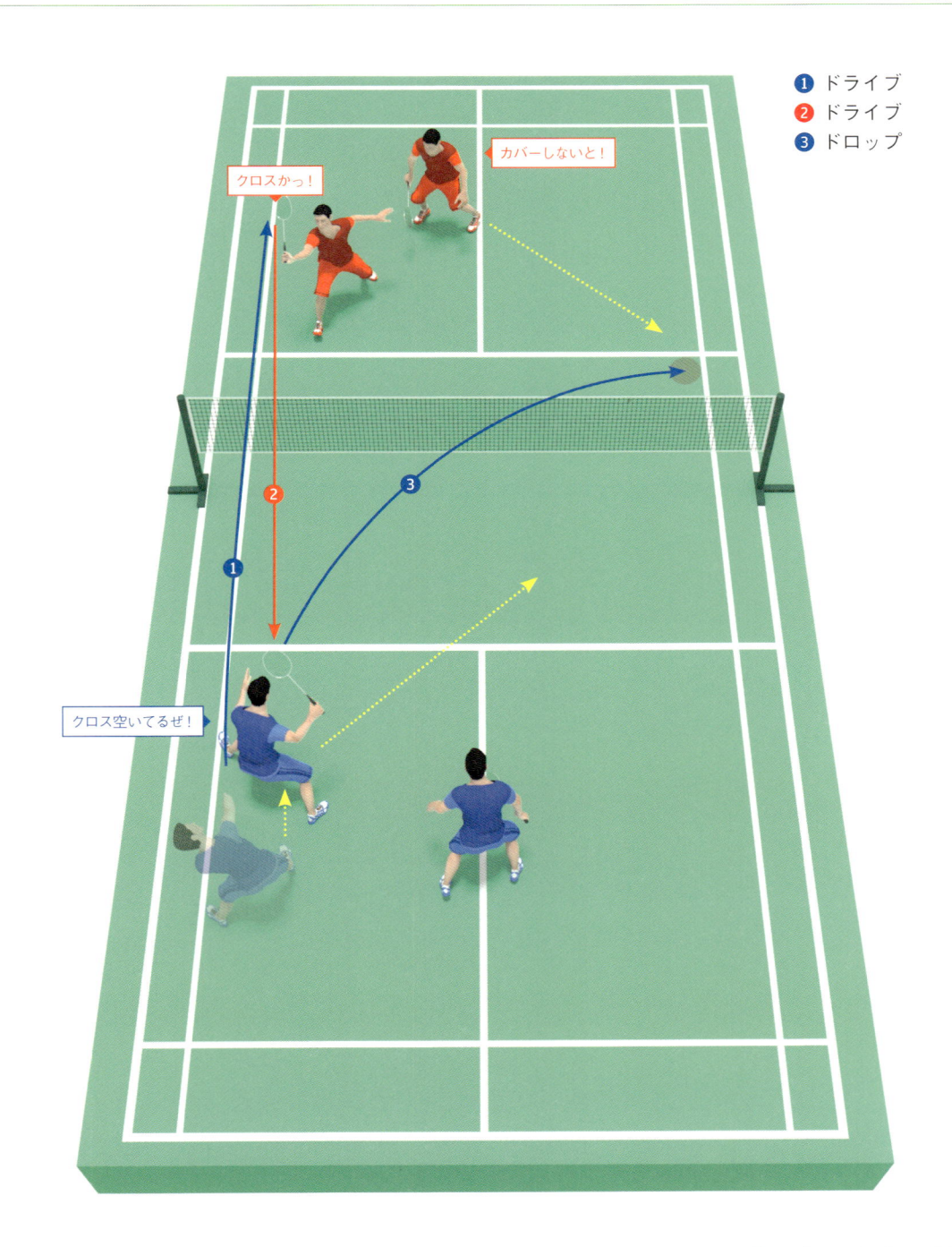

TACTICS

コート奥に高く打ち、低く速い展開を封じる

▼

TACTICS 1 滞空時間の長い、高いロブを使う

リズム
つかめない…

① ドロップ　**②** ロブ

Step 1 コート奥にしっかり
ロブを打つ

ノーロブ型のペアの狙いは、低く速い展開に持ち込み、相手に
甘い球を打たせることにある。ならばあえてコート奥へ高く深
い球を返し、相手の狙いを外そう。しっかりロブをコート奥に
返せれば、そこからの相手の攻撃は怖くない。

NG

速い展開きた！

押されてる…

① ドライブ　**②** ドライブ　**③** ドライブ

check
✓ ドライブに付き合わない

低く速い展開が得意なノーロブ型のペアは、ドライブ合戦にしたがる。相手が好きな展開に付き合うのは得策ではない。
先に素早くネット前に落とすか、あえて大きく返して、相手に得意なリズムをつくらせないようにしよう。

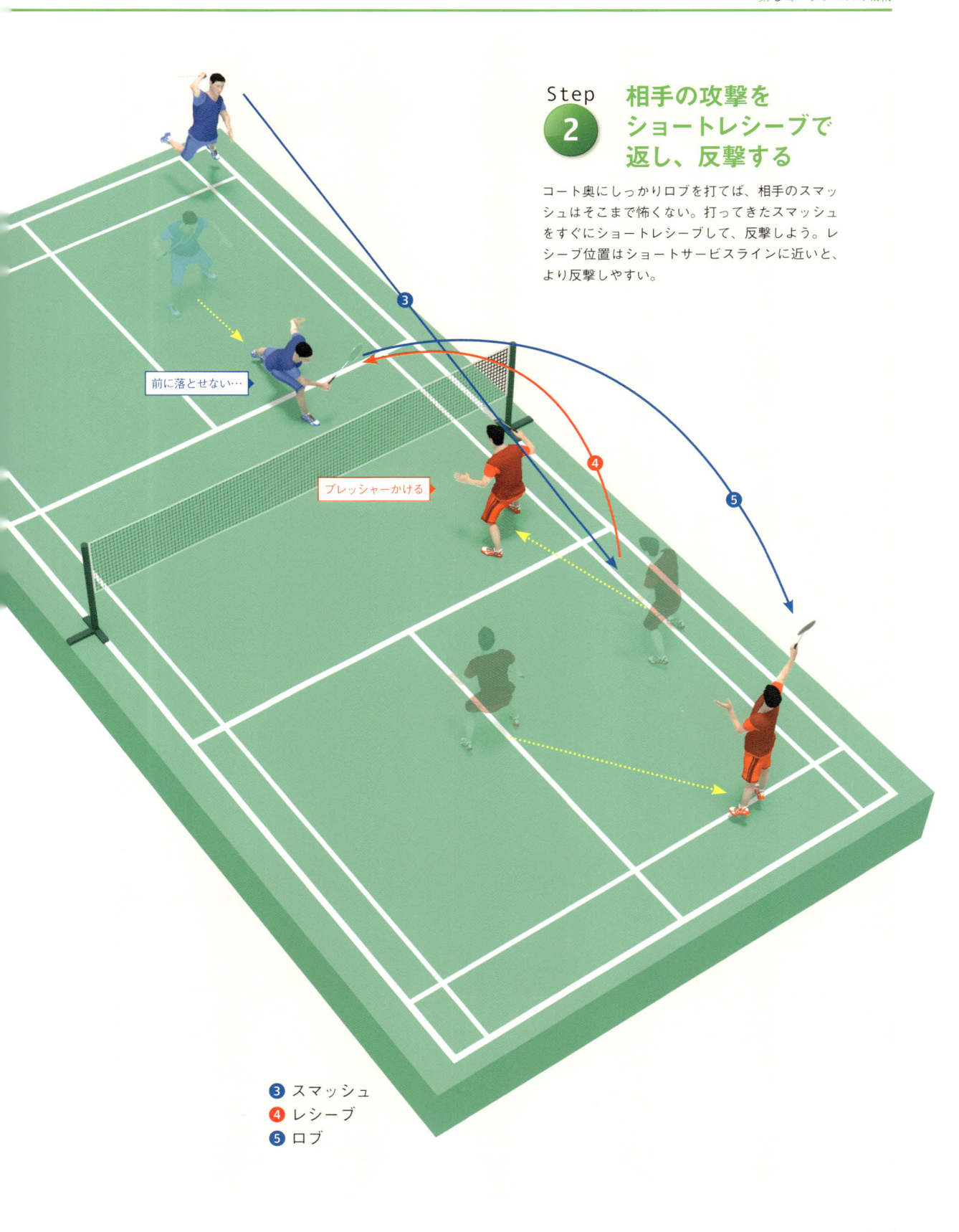

相手の攻撃を
ショートレシーブで
返し、反撃する

コート奥にしっかりロブを打てば、相手のスマッシュはそこまで怖くない。打ってきたスマッシュをすぐにショートレシーブして、反撃しよう。レシーブ位置はショートサービスラインに近いと、より反撃しやすい。

前に落とせない…

プレッシャーかける

3 スマッシュ
4 レシーブ
5 ロブ

TACTICS 2

相手を前後に揺さぶる

Step 1 ドライブを奥へ押し込む

ノーロブが得意な選手はドライブを多用する。ドライブを打ったあと、相手は前へ詰め寄るので、1、2回応酬したところで、相手の頭上を抜いてコート奥へ押し込む球を打つ。

Step 2 ネットを打ち、相手を動かす

コート奥から相手がカットで逃げてきたら、ネットを打って相手を前後に揺さぶる。ノーロブが得意でラケットワークは器用でも、動かされることが苦手な選手には有効な攻め方だ。

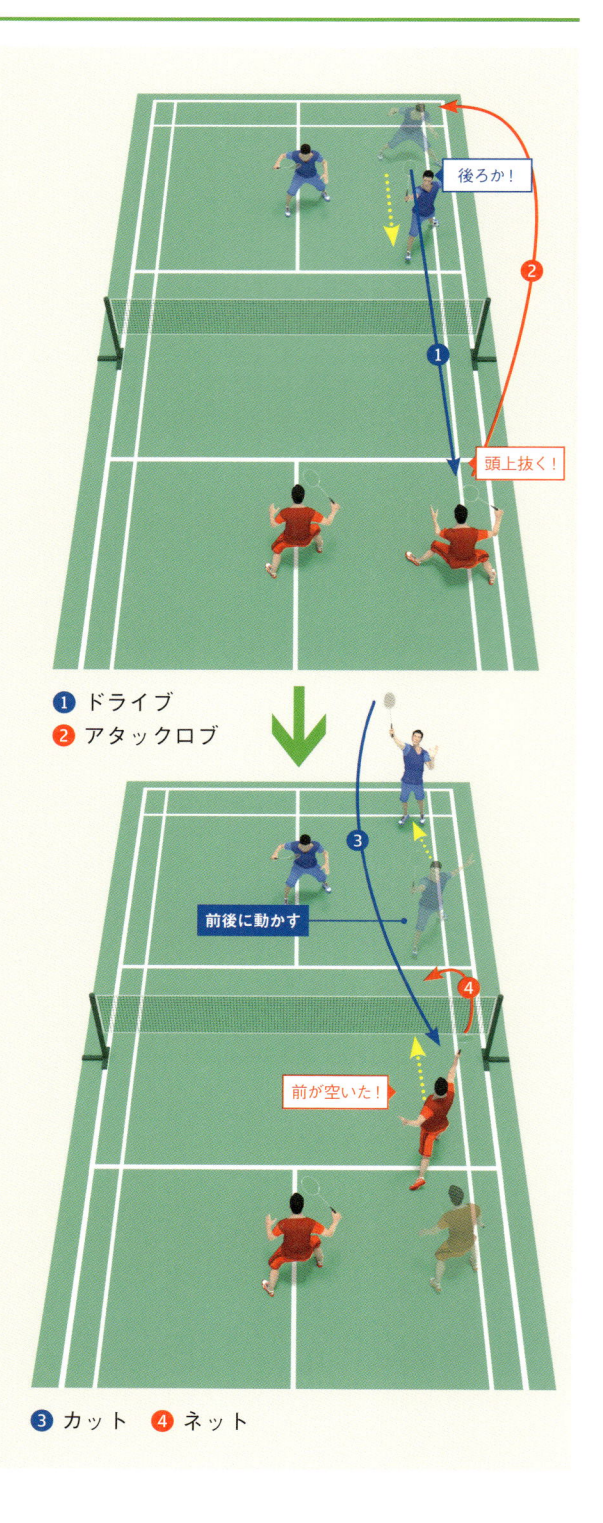

後ろか！

頭上抜く！

❶ ドライブ
❷ アタックロブ

前後に動かす

前が空いた！

❸ カット　❹ ネット

まとめ ノーロブが得意な相手に対しては、まずドライブの応酬には付き合わないように注意しよう。基本的には高いロブなどで大きな展開にし、後ろから打ってきたスマッシュをすぐにショートリターンしてロブを上げさせる。ドライブで攻められても、ドライブを打つと見せて頭上を越えるロブなどにする。相手を前後に揺さぶって勝機を探ろう。

59

左利きがいるペアの場合

▶ センターを狙え！

　相手ペアに左利きがいるとやっかいなのは、カウンターを食らいやすいということだろう。たとえば右利きの前衛選手であれば、さわらせないで済む球でも、左利きだと簡単にはいかない。試合が緊迫すると、相手が左利きだということを忘れ、左利きのフォア側に球を放って強打されがちだ。

　つまり右利きならばさわれない球が、左利きだと早くさわれるのでチャンス球になってしまう。

　相手に左利きがいる場合、まずはそのことを頭に入れてプレーするべきだが、左利きだからこその弱点もある。そこを突いて試合を有利に進める方法を考えてみよう。

→ これが相手の得意パターン Ⓐ

左利きのフォア側に
ドライブを誘う

　コートの左サイドで相手がトップ＆バックになり、左利きが前衛、右利きが後衛に位置しているとする。このとき、後衛はストレートにスマッシュを打ち、相手がストレートにドライブレシーブしてくるのを狙ってくる。このドライブは左利きにとってフォア側なので、つかまえやすく力強く打てる。このように左サイドに球を集めるパターンを多くつくってくるのが、左利きを含むペアの特徴だ。

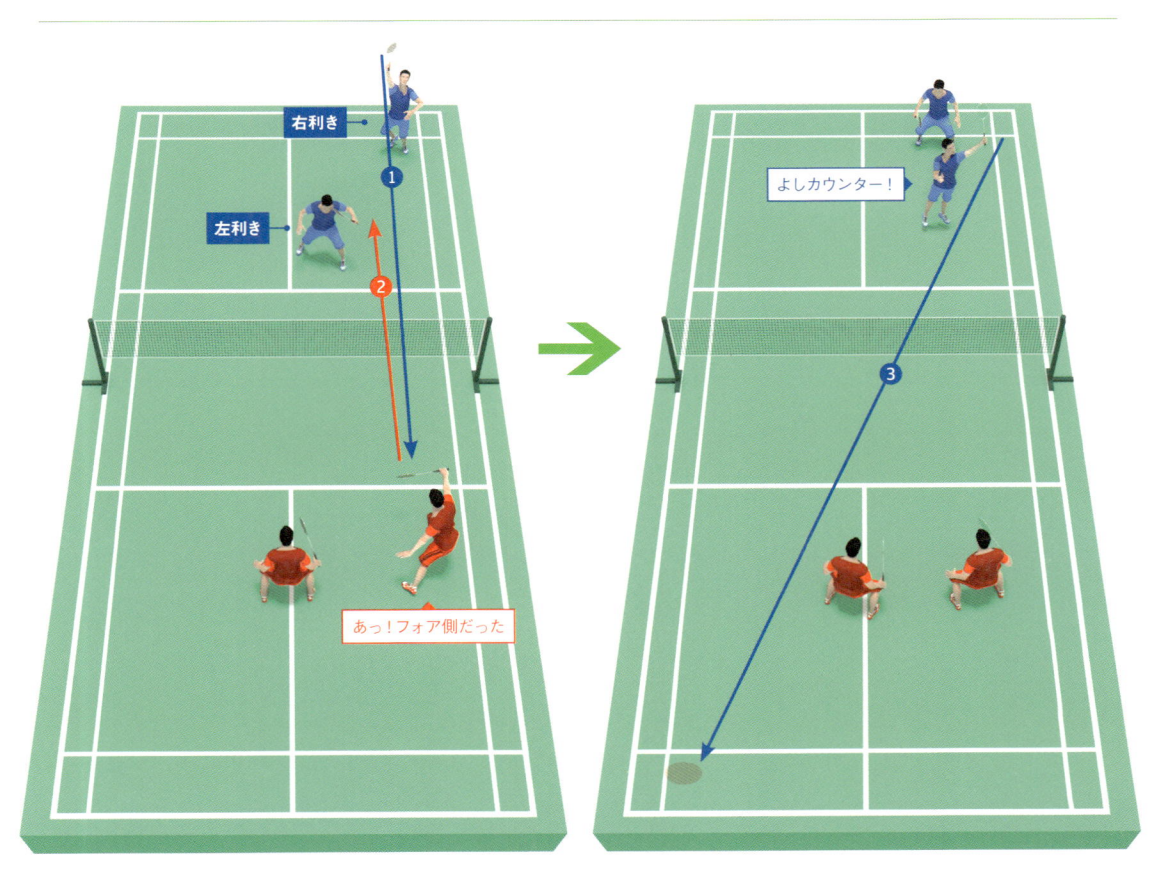

❶ スマッシュ　❷ ドライブ　　　　　　　❸ スマッシュ

→ これが相手の得意パターン Ⓑ

クロスのカットスマッシュで ストレートを誘い 左利きのフォアハンドで攻撃

　左利きがいるペアは左利きがフォアハンドで早く球にさわり、攻撃する展開を勝ちパターンの一つにしている。たとえば右利きの後衛がクロスのカットスマッシュを打ち、ストレートに返させ、左利きがフォアで仕留めるというパターンが得意だ。また左利きも同じようにクロスカットスマッシュを使い、右利きのフォアハンドに甘い球を打たせるパターンを仕掛けてくる。

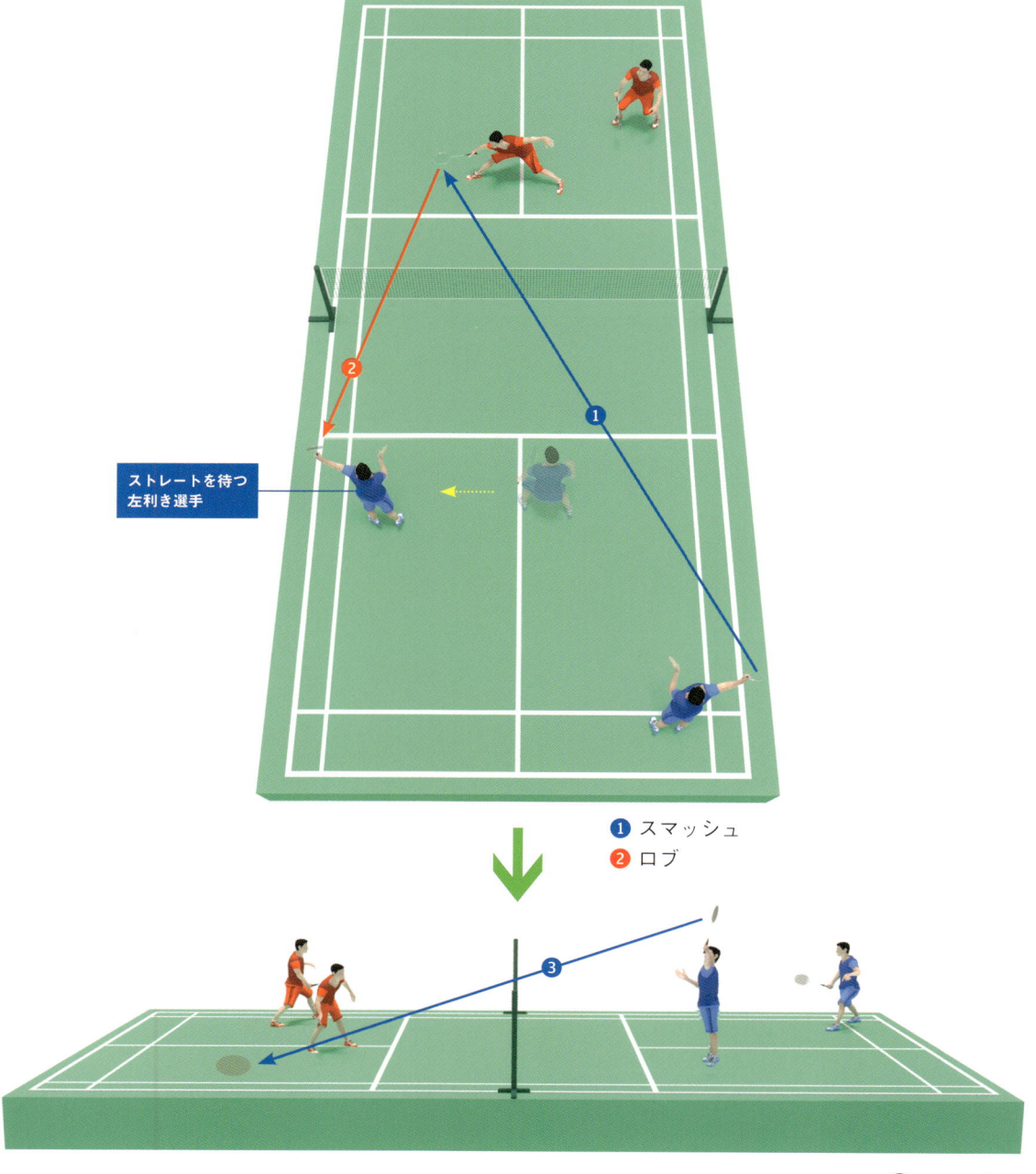

ストレートを待つ
左利き選手

❶ スマッシュ
❷ ロブ

❸ スマッシュ

TACTICS

基本的にセンター攻撃を狙う

▼

Step 1　2人のセンターに打つ

片方が左利きペアはサイド・バイ・サイドになっているときラケットが2人の外側にあるか、内側にあるか、いずれかの状態になっている。どちらにせよ互いにとり合ってしまうことが多いので、センター攻撃が有効。

Step 2　コースを組み合わせる

それでもレシーブされるようなら、センター攻撃のドロップを打ったり、センターからレシーブが弱いほうのコースを狙ったり、センターと思わせて外側に打ったりなど、コースを組み合わせて攻めよう。

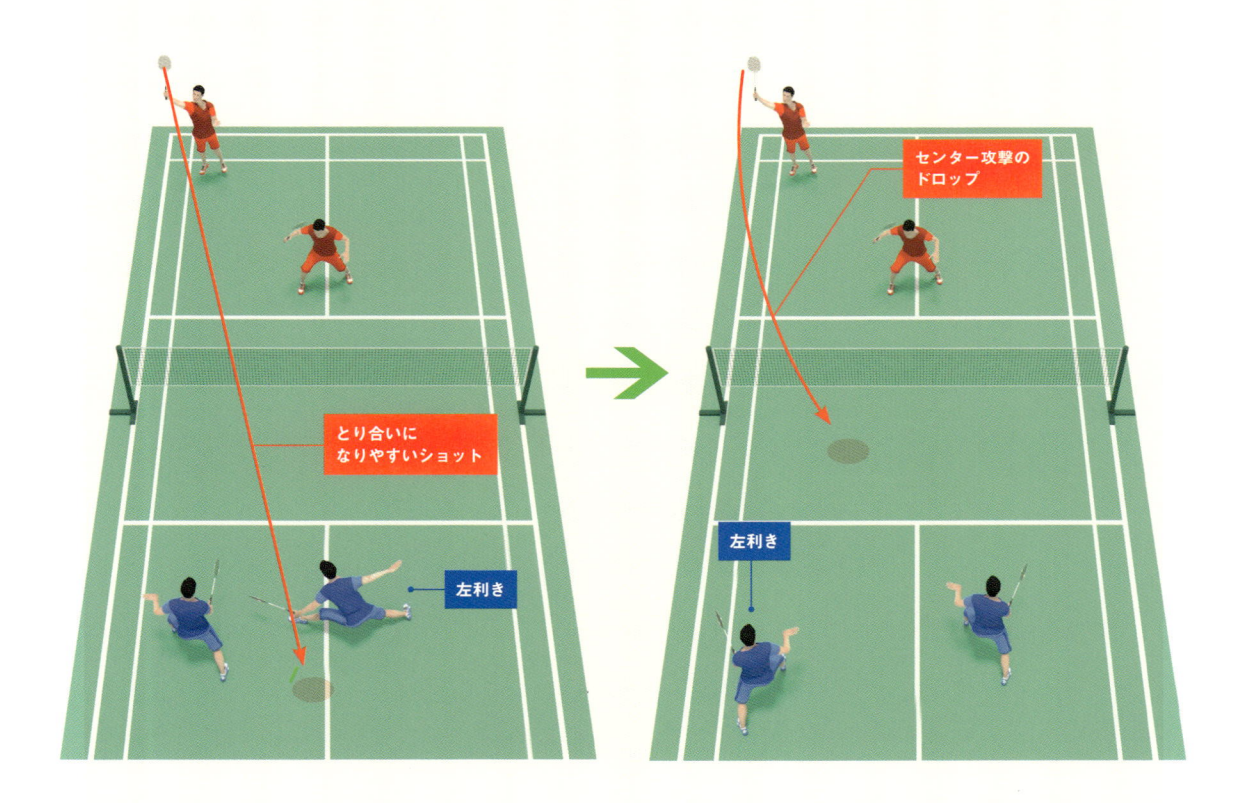

とり合いになりやすいショット

左利き

センター攻撃のドロップ

左利き

まとめ　左利きがいるペアは、お互いにクロスに打ち合い、ともにフォアハンドで攻撃できるような展開にするパターンが多い。とくにラリー中に相手のバックハンドに打ったつもりのハーフ球がフォアハンド側だった、ということも多いので注意。攻撃されるとやっかいだが、レシーブ側に回せば穴も多い。攻撃状態をキープしながら勝機を探ろう。

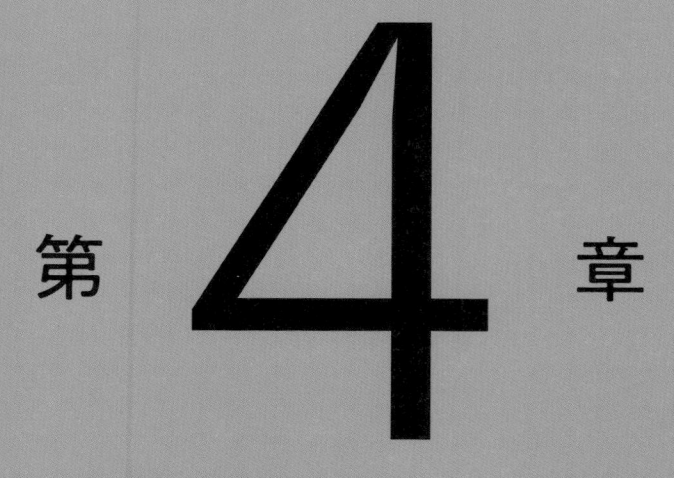

第 4 章

試合環境と
心理面の戦術

勝利を目指すうえで、風向きやシャトルの種類といった
環境面の情報は大きなポイントになる。
また、コート上でベストなプレーを繰り出すためには、
心理面も欠かせない要素だ。
環境面と心理面についての理解を深め、
さらなるレベルアップを遂げよう。

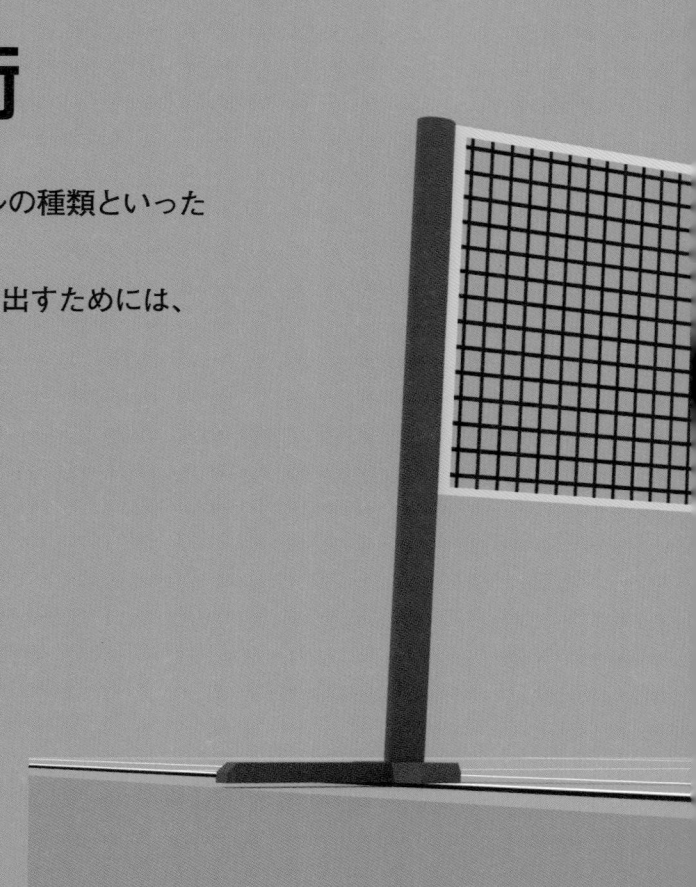

60 コートの情報を集める

▶ 戦いの舞台を知り、勝利に近づく

コート状況を知り、戦術を微調整する

　勝てる試合の考え方には「戦術」と「戦略」の2つがある。戦術が、どう配球して相手を動かすかなど、戦ううえで具体策を指すのに対し、戦略とは大局的な視点から試合全体をどう進めていくかのシナリオを指す。

　効果的な戦術・戦略の組み立てが見えてきたら、次に実践に移す舞台に目を向けてほしい。大切なのは試合を行うコート環境をチェックして、戦術・戦略の微調整を行うことだ。

　もし、「相手を動かして疲れさせる」（戦略）→「四隅に球を配球する」（戦術）というストーリーを描いているとしても、コート内に風が吹いていたら、アウトが多くなってしまうだろう。また対戦相手が同レベルであれば、ファイナルになることも予想して、トスに勝てば羽根を見づらいコートから入るよう選ぶことも重要になるだろう。思い通りの試合運びを実現するために、ここではコート内の何をチェックすればいいか紹介しよう。

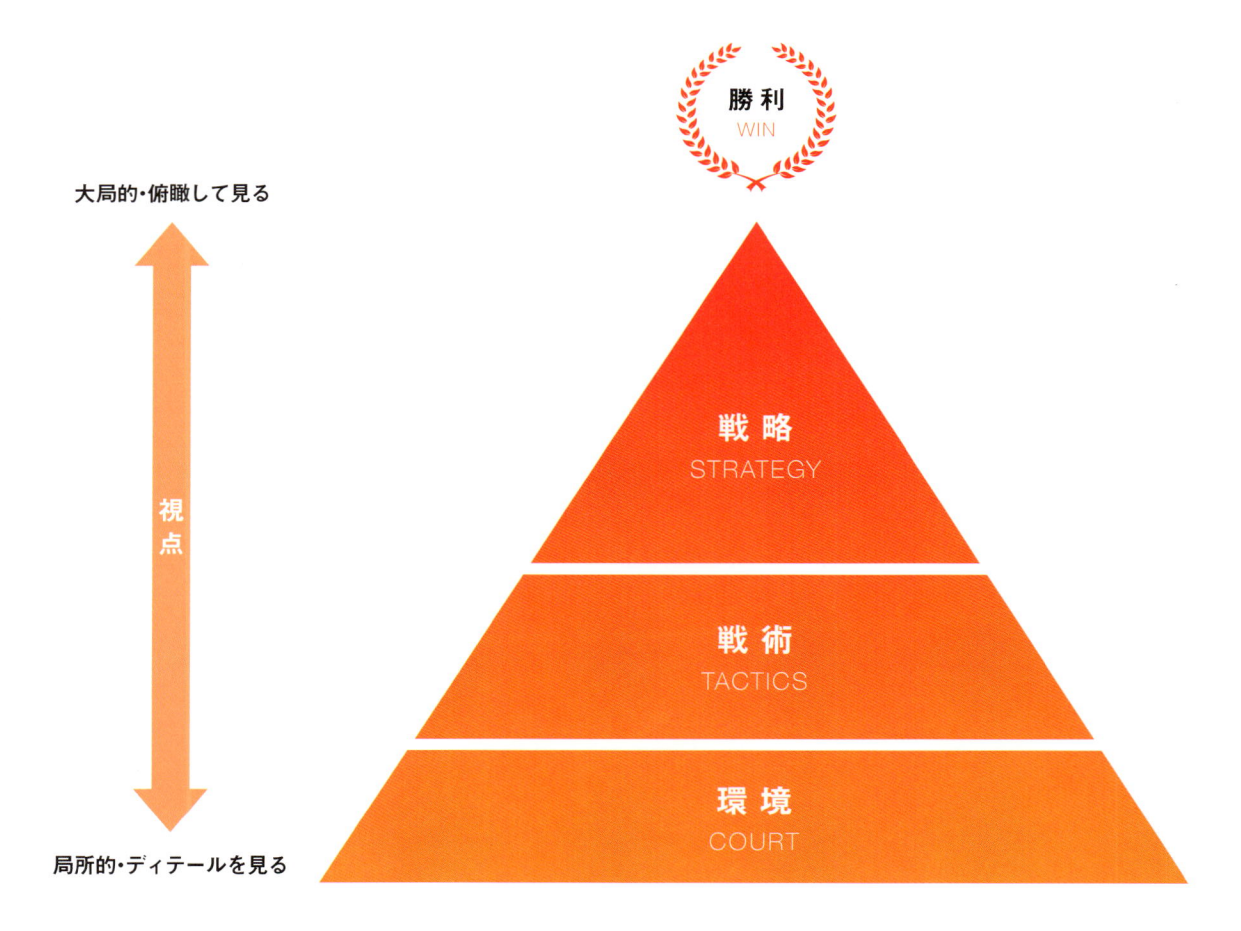

大局的・俯瞰して見る

視点

局所的・ディテールを見る

勝利 WIN

戦略 STRATEGY

戦術 TACTICS

環境 COURT

コート情報を
つかむ
5つのポイント

試合前の基礎打ちや試合の序盤でコートの情報をしっかり把握しておこう。ポイントを試合前に押さえられれば余計な心配は減り、より勝負に集中できる。どういう試合展開にしたいかイメージを持ちたい。

1

風向きをチェックする

最近は季節に関係なく空調をつけている体育館が増え、その影響で試合中に風が吹いていることも多い。とくにコートが10面以上ある大きな体育館では各コートによって風の流れが変わってくる。風向きを利用したシングルス、ダブルスそれぞれの戦術を紹介（P130-131）しているのでぜひ参考にしてほしい。

2

ライトの位置を
チェックする

天井のライトが目に入り、空振りした経験はだれにでもあるはずだ。ライトの種類にもよるが、水銀灯や LED など強い光を放つライトは、羽根が見えなくなることが多い。照明が気になるエリアを事前に確認しておき、いざというときに慌ててミスをしないように、体勢を変えて打つ心構えを持ちたい。

3

羽根の見やすい
エンドをチェック

白を基調にした壁でない限り、壁に向いたエンド（側）のほうが羽根は見やすい。エンドを選択できるときは、戦略的に見づらい側から入るよう選ぶとよいだろう。すると次ゲームでエンドがかわったときにより有利な試合運びができ、ファイナルにもつれ込んでも、勝負どころの後半に見やすい側でプレーできる。

4

コートの床を
チェックする

コートマットで試合をするならチェックの必要はないが、一般にはそんな機会は少ない。古い体育館で木製の床の場合、表面のニス塗装が劣化し、ホコリなどでコートが滑りやすくなっていることが多い。そんなときのために事前に濡れ雑巾などシューズの滑りを防ぐグッズを用意しておこう。

5

シャトルのメーカーを
チェックする

試合前にどのメーカーのシャトルを使うか、チェックしておくとよい。同じスピード番号でも、メーカーによって飛び方が異なる。とくにネットやカットなど繊細なショットに大きく影響してくるので、普段からさまざまなメーカーのシャトルを使って、それぞれの感覚を把握するようにしてほしい。

61 風の流れを読む

▶ 風に翻弄されず、風を利用する

大会会場でもし風を感じたら、どの方向に吹いているかすぐに確認しよう。コートによって風向きが異なる場合があり、試合前に一通りコート状況を把握できるとよい。

試合中は風に慣れるまで、無理に四隅を狙わないこと。少し内側を狙って、安全にいくほうがベターだ。

ここでは、主にシングルスの場合を紹介する。

1 向かい風のとき

Point

シングルスの場合
相手を前後に動かしミスを誘う

クリアーやロブを強めに打ってもアウトになりにくいため、相手をどんどん奥に追い込んだり、前に動かしたりして、相手のロブやクリアーのアウトを誘おう。ただし、リフトネットや厳しいネットは風で羽根が自陣に戻されやすく、ミスになりやすいので注意しよう。

Point

ダブルスの場合
速さを増すスマッシュを警戒

相手にいい体勢でスマッシュを打たれると、速くてとりづらい。対策としては、ネット前に素早く落とし、相手のロブのアウトを誘ってほしい。相手はレシーブやドライブでもアウトになりやすいので、ノーロブのような低い展開に持っていくのもよい。

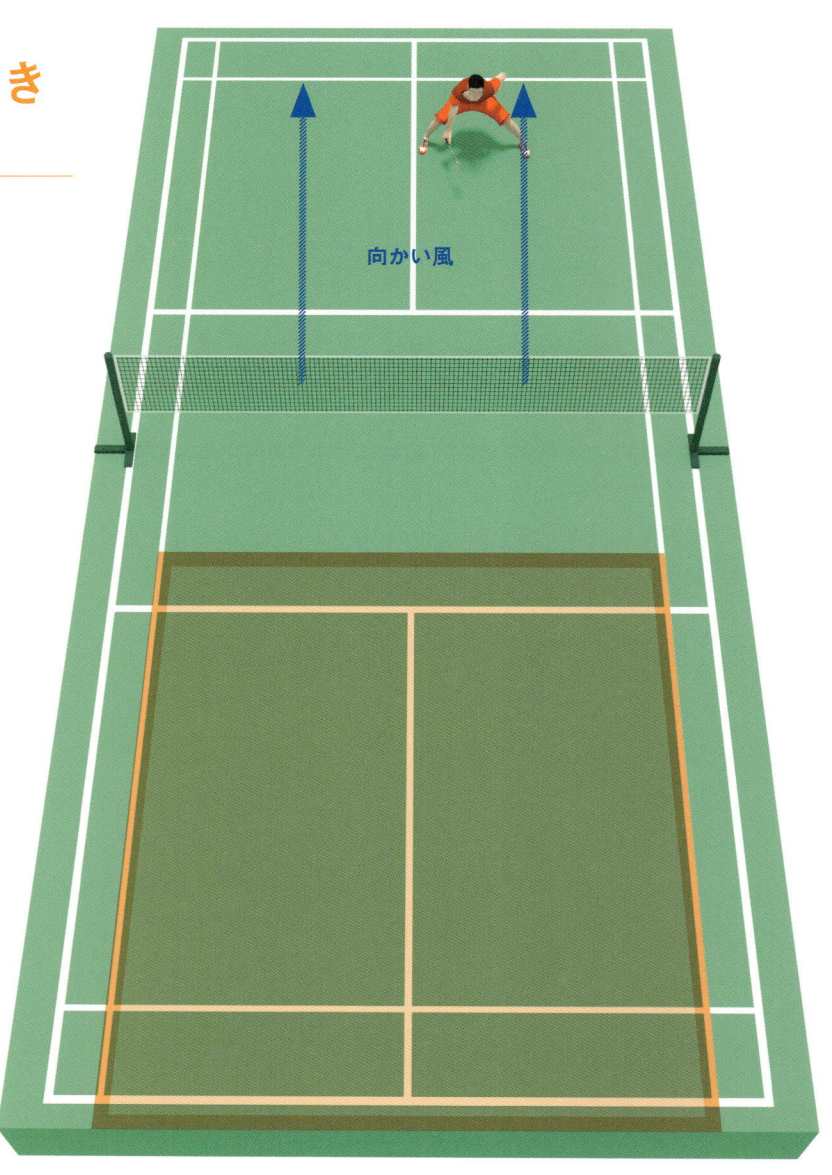

向かい風

向かい風のとき、シングルスは枠内に羽根を入れるイメージで打つとよい

2 追い風のとき

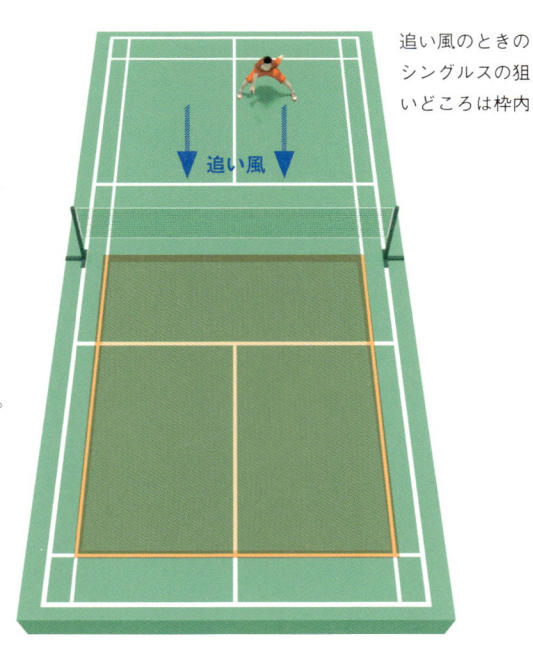

追い風のときの
シングルスの狙
いどころは枠内

 シングルスの場合
スマッシュを打てる展開をつくる

クリアーとロブのコントロールが難しくなるため、追い込まれて
もできるだけスマッシュやカットでしのぐ。そのあと、リフトネ
ットなどからロブを打たせ、スマッシュが打てる流れをつくろう。

 ダブルスの場合
強打はアウトになりやすい

ロブや強いドライブ、プッシュはアウトになりやすい。積極的に
ネット前やハーフに落とし、ロブを上げさせてスマッシュを打っ
ていくとよい。ロングサービスもアウトになりやすいので注意。

3 横風のとき

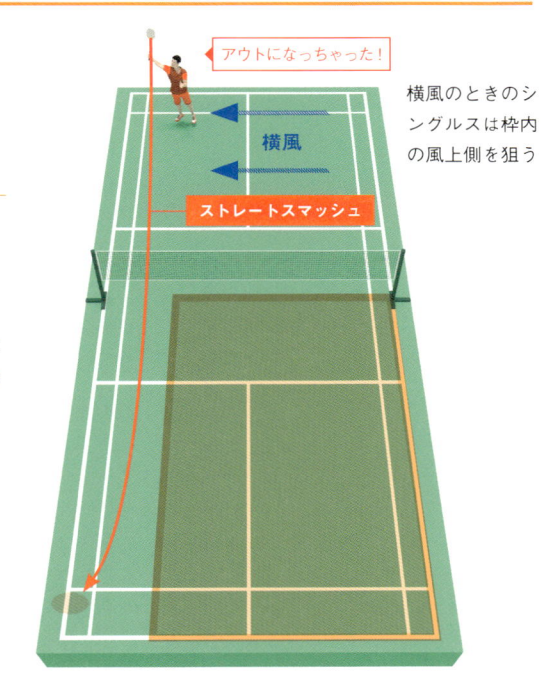

アウトになっちゃった!

横風

ストレートスマッシュ

横風のときのシ
ングルスは枠内
の風上側を狙う

 ## 風上側を攻める

風下側のコーナーでストレートに打ち合うときや風下側のクロス
に打つときは、球が伸びてアウトになりやすい。風上側を攻める
ことでアウトのリスクは減る。

Extra

吹き下ろす風のとき

　天井付近から空調の噴き出し口が真下に向いていたり、
天井が変則的な形をしていたりするときなど、風が上か
ら下に吹き下ろすことがある。シャトルの落下がわずか
に速くなるので、打つタイミングを合わせづらいのが難
点だ。その場合は振りをコンパクトにして対応するのが
よい。とくにオーバーヘッドは難しくなるので、慣れる
までミスをしないでつなげていこう。

62 心を戦う状況に整える

▶ 試合に向けてメンタルをつくるためのチェックリスト

"平常心"で試合に勝つ

　上級者になればなるほど、フィジカルの鍛錬や組み立てのうまさだけでは勝ち進めなくなる。さらに上のランクで勝つためには、本番でも日頃と同じポテンシャルを発揮するための安定、つまりは平常心を維持する力が必要だ。

　忘れ物や体調不良などで気持ちが動揺したり、試合相手の実力が読みきれずに余計なことをいろいろと考えてしまうようでは、有利な試合運びは到底望めない。

　ここでは、試合前に気をつけておきたいポイントをチェック項目として書き出した。以下に紹介する7項目に留意することで、不測の事態を可能な限り回避し、安定した気持ちで試合と向き合い、本来の実力を発揮してほしい。

平常心を保つ7つのポイント

1 試合の目標設定をする

**明確な目標を設定して練習を重ね
前日にその内容を思い返す**

　試合に出場すると決めたら「優勝する」「ベスト8以上に進出する」など、団体戦・個人戦それぞれの分類に合わせた明確な目標を設定したい。

　具体的な結果を出すために自分に何が足りないか、いつまでに問題を克服するかなど期限を決めて練習を重ね、試合前日に改めてその内容を思い返すとよいだろう。

2 勝利のイメージをする

**自分の視点・第三者の視点の両面で
イメージして気持ちを高揚させる**

　頭のなかで強くイメージを描くことは、実際の行動にも大きな影響を与える。バドミントンの場合、自分の視点だけでなく、第三者的な視点で自分をイメージするとよい。

　たとえば、スマッシュを決めて勝った瞬間や、表彰台に上がって優勝メダルを授与される姿などを想像すると、喜びや幸福感が湧き上がり、気持ちも高揚するはずだ。

Extra

試合中に意識したいこと
ルーティーンを導入しプレーを心から楽しむ

「小刻みにジャンプを繰り返す」「ガットの目をきれいに整える」など、一定の行動を繰り返し行うことで、気持ちがリセットされる。こうした「ルーティーン」はトッププロでも頻繁に行っており、これには集中力を高めたり、精神状態を鎮めたりする効果がある。

　一方で、実力を上げてきた選手の試合を見ていると、格下相手に対し本気で戦うのを恥ずかしがったり、気を抜いた試合をして、負けてしまう場面に出くわす。こう

した余計なプライドはまったく必要ではない。どんな試合でも同じように集中したプレーを重ねることが、さらなる上達につながることを忘れてはいけない。

　大切なのは、心から楽しみながらプレーをすること。結果にこだわりすぎず、自分らしい取り組みが続けられれば、よりよいコンディションで試合に挑むことができるだろう。

3　対戦相手の分析をする

プレースタイルや得意ショット
苦手なコースを分析する

　対戦相手のプレーや試合を可能な限りチェックし、どんなタイプの選手なのか分析しておきたい。対戦相手のプレースタイルや得意ショットや苦手なコースが事前にわかれば、対策もとりやすいだろう。

　基礎打ちの短い時間だけでは相手の実力を判断できず、見た目に強そうな相手に気合負けしてしまうかもしれない。どんな選手にも必ず弱点はある。しっかり分析し、試合を優位に進めよう。

4　夕食を上手に摂る

炭水化物・ビタミンを多めに摂取
就寝の3時間前までに食事を済ます

　ベストな状態で試合にのぞむためには、前日の食事の摂り方も大事だ。白米やうどんなどの炭水化物とビタミンを多めに摂取し、揚げものをはじめとした脂質、生もの、お酒はできるだけ控えたほうがよい。

　また、睡眠の3時間前までに食事は済ませ、胃に負担をかけない心配りもしてほしい。

5 試合の用意を終える

ラケットは3本以上用意する
負傷時の準備なども大切

　ガットが切れてもいいように、ラケットは必ず3本以上用意する。汗を多くかく夏の試合では、着替え用のウェアも余分に持っておきたい。

　また、ケガをしてしまったときのために、余裕があれば、サポーターやテーピング、アイスバッグなども荷物に入れておく。さらに滑り止めのための雑巾、疲労回復用にアミノ酸配合の栄養補助食品などもチェックしておこう。

6 明日（試合当日）のスケジュールを考える

会場までのルートを調べる
生活リズムは普段通りをキープ

　当日の試合開始時間、合計試合数、事前練習の有無などを確認する。また、余裕をもって到着できるように、会場までのルートをきちんと調べておきたい。試合が午後からであっても、ゆっくり休みすぎると体が重くなってしまうこともあるので注意が必要だ。

　普段通りの生活リズムを保つことも考えたい。

7 温冷交代浴で疲労回復する

湯船で体を温めたのちに
ヒザから下に水と湯を交互にかける

　手早く肉体疲労を回復する方法としておすすめなのが「温冷交代浴」だ。

　湯船で一度体を温めたのちに、ヒザから下の部分に水とお湯を交互にかける。水1分、お湯3分を3〜5回繰り返すのが目安となる。毛細血管が広がって血流もよくなり、筋肉疲労が改善されるはずだ。

チェックリストを活用して平常心をキープしよう

次ページでは、ここまでに挙げた平常心を保つための項目を、チェックリストにまとめている。01〜07の項目に対して3段階の評価をつけて、メンタルに対する働きかけが十分にできているかを確認しよう。

■ 平常心を保つチェックリスト

試合前夜のチェック項目

01	試合の目標を設定した	●少しできた	●できた	●よくできた
02	勝利のイメージができている	●少しできた	●できた	●よくできた
03	対戦相手の分析をした	●少しできた	●できた	●よくできた
04	夕食を上手に摂った	●少しできた	●できた	●よくできた
05	試合に持っていくものはすべて準備できた	●少しできた	●できた	●よくできた
06	明日1日の行動予定、時間を確認した	●少しできた	●できた	●よくできた
07	温冷交代浴をした	●少しできた	●できた	●よくできた

63 試合の流れを引き寄せるための戦術

▶ ラリーの合間に状況判断する力を磨く

試合の局面は３つ

対人競技には必ず試合の流れが存在する。この流れこそが試合の醍醐味だが、試合の流れとはなんだろうか。それは両者の勢い（流れ）がどちらにあるかをリアルタイムで見たり感じたりすることだ。大きく分けると、試合の局面は①相手に流れがある状態、②自分に流れがある状態、③流れが拮抗している状態の３つに分類できる。

さらにこれらの局面には、できる限りしたほうがよいことと、できるだけ避けたほうがいいことがある。今はどんな状況でこれから先どんなプレーをしたらいいのか、ラリーの合間に素早く状況判断する力を磨いてほしい。この力が試合の勝負強さにつながるのだ。

1 試合の流れが相手にあるとき

❶無理に決めようとせず、とりあえずラリーする

➡ ラリーすることで自分の流れを戻せることもある。ミスせずつなげよう

❷そのとき調子の悪いショット、コースは使わない

➡ 自分の得意ショットでもミスが続けば意味がない。すぐに違うショットに切り替えよう

❸シャトル交換をする

➡ 必要があればシャトルを換え、プレーも流れもリセットしよう

❹声を出して自分自身を奮い立たせる

➡ 気持ちが弱くなっては、流れはこない。自分を奮い立たせよう

❺相手のプレーに合わせない

➡ ラリー中やラリーの合間に、相手のペースに合わせていることも。自分のペースを意識する

2 試合の流れが自分にあるとき

❶ 点がとれている戦術を維持する

➡ 点がとれている間は同じ戦術で構わない。一気に点をとろう

❷ 早くサービスの準備をする

➡ 流れがよいうちに次の準備をして、相手にプレッシャーをかけよう

❸ 最後まで油断しない

➡ 試合が終わるまでは何が起こるかわからない。勝負が決まるまでは油断しない

3 試合の流れが拮抗しているとき

序 盤

❶ 試合の雰囲気に早く慣れる

➡ 雰囲気に慣れたほうが安定したプレーができる。早く慣れよう

❷ サービスミスなど単純なミスをしない

➡ ミスが多いと相手の分析ができず、序盤から流れも悪くなる

❸ ラリーをしながら相手のプレー分析をする

➡ 相手の得意なショット、苦手なショットを見つけ戦術を考える

終 盤

❶ 守るばかりではなく、ときには強引に攻める

➡ フットワークのスピードを上げて攻めるなどして相手をあせらせよう

❷ 相手に見せていないプレーを出す

➡ 点数がほしい場面で隠し球を使うことで点をとりやすくなる

❸ 苦しくても顔に出さず、気持ちで絶対に負けない

➡ 気持ちで負けると絶対に勝てない。気迫で相手を押しきろう

64 ゲーム分析シートを活用する

▶ 試合全体の流れを記録する

得点の内容まで含めてスコアをつける

　試合を振り返る際には、全体の流れを俯瞰して確認したい。そのために有効なのが右図のような「ゲーム分析シート」だ。このシートでは、スコアをつける感覚で、得点の推移ばかりではなく、ラリーの状況まで一目でわかるように記録することができる（ここではシングルス用を紹介）。

　シート上部では、氏名、日付、会場、大会名といった基本的なデータに加え、相手選手の情報として、プレースタイルや利き腕を記録しておくことができる。そしてその下の得点推移表では、得点の内容が「自分」3項目、「相手」3項目に分かれている。

　これら6つの得点項目は、上にあるほど自分にとって優位な得点となっているため、試合全体の流れを確認しやすいつくりになっている。勝敗を分けるカギがどこにあったのかが理解できるので試合を振り返る際に役立ち、積み重ねて記録することで、「先行逃げきり型」「後半追い上げ型」など、自分のプレースタイルも見えてくる。

　試合中は、どの得点項目に分類するか迷う場面があるものだ。その際には、記入者の判断で選択してよい。それだけに、記入は客席にいる指導者やチームメイトなど、自分の選手としての性質をよく理解している人に頼むとよいだろう。

6つの得点項目の詳細

「自分」と「相手」の得点項目は、得点と失点を境界線にして対称に並んでいる。

○ノータッチエース・相手の一発ミス

「ノータッチエース」は、相手がさわることとなく沈めた得点。「相手の一発ミス」は、相手のサービスかサービスレシーブでのミスで得た得点。どちらも自分にとってベストで、流れをつかみやすい

○エースショット・相手の凡ミス

「エースショット」は、よい形でのショット、あるいは得意なショットを打ち、相手がさわりはしたものの決めることができた得点。狙いが成功することで主導権を握りやすい。「相手の凡ミス」は相手のなんでもない場面でのミスで得た得点。相手に精神的な負荷がかかる

○ラリー勝ち

ラリーで相手と競りながらも、相手を動かすなどしてとった得点。流れとしては得点のなかでもっともイーブンに近い

●相手のラリー勝ち

ラリーで相手と競りながらも、相手にとられた失点。流れとしては失点のなかではもっともイーブンに近い

●エースショット・自分の凡ミス

「エースショット」は、相手によい形でのショット、あるいは得意なショットを打たれて、さわりはしたものの奪われた失点。相手に主導権を握られやすい。「自分の凡ミス」は、なんでもない場面でのミスによる失点。精神的にダメージを受けやすい

●ノータッチエース・自分の一発ミス

「ノータッチエース」はさわることができずに奪われた失点。「自分の一発ミス」は、サービスかサービスレシーブでのミスによる失点。どちらも自分にとってもっとも悪い形であり、劣勢に立たされやすい

優 位

↑

○ ノータッチエース・
相手の一発ミス

○ エースショット・
相手の凡ミス

○ ラリー勝ち

● 相手のラリー勝ち

● エースショット・
自分の凡ミス

● ノータッチエース・
自分の一発ミス

↓

劣 位

■ゲーム分析シート

年　　月　　日　　：　～　　：

氏名／	（ 男 ・ 女 ）	試合結果／　　-　　（ - 、 - 、 - ）
大会名／		会場／
個人戦 ・ 団体戦　（　）回戦・準々決勝・準決勝・決勝		大会使用シャトル／
対戦者名／		相手の所属／　　　　　　　　　（　　年）
相手のプレースタイル／　アタック型　レシーブ型　ラリー型　ダブルス型		相手の利き腕／　右　左

得点推移表

第1ゲーム

自分	ノータッチエース 相手の一発ミス（O）			
	エースショット 相手の凡ミス（O）			
	ラリー勝ち			
相手	相手のラリー勝ち			
	エースショット 自分の凡ミス（O）			
	ノータッチエース 自分の一発ミス（O）			
自分	ノータッチエース 相手の一発ミス（O）			
	エースショット 相手の凡ミス（O）			
	ラリー勝ち			
相手	相手のラリー勝ち			
	エースショット 自分の凡ミス（O）			
	ノータッチエース 自分の一発ミス（O）			

小計　点数

第2ゲーム

自分	ノータッチエース 相手の一発ミス（O）			
	エースショット 相手の凡ミス（O）			
	ラリー勝ち			
相手	相手のラリー勝ち			
	エースショット 自分の凡ミス（O）			
	ノータッチエース 自分の一発ミス（O）			
自分	ノータッチエース 相手の一発ミス（O）			
	エースショット 相手の凡ミス（O）			
	ラリー勝ち			
相手	相手のラリー勝ち			
	エースショット 自分の凡ミス（O）			
	ノータッチエース 自分の一発ミス（O）			

小計　点数

第3ゲーム

自分	ノータッチエース 相手の一発ミス（O）			
	エースショット 相手の凡ミス（O）			
	ラリー勝ち			
相手	相手のラリー勝ち			
	エースショット 自分の凡ミス（O）			
	ノータッチエース 自分の一発ミス（O）			
自分	ノータッチエース 相手の一発ミス（O）			
	エースショット 相手の凡ミス（O）			
	ラリー勝ち			
相手	相手のラリー勝ち			
	エースショット 自分の凡ミス（O）			
	ノータッチエース 自分の一発ミス（O）			

小計　点数

■ゲーム分析シート記入例

対戦相手のデータ

ゲーム分析シートでは、プレーヤーとしての傾向、タイプなどを試合の流れを通して知ることができる。用途のメインは試合の振り返りだが、相手の情報も記入することで、得点推移表と合わせて次回の対戦で役立つデータになる

○の有無で内容を書き分ける

「ノータッチエース・相手の一発ミス」のように、1項目に2つの内容が入っているものについては、○囲みの有無で書き分ける。この例では、4点目、6点目はノータッチエース、11点目は相手の一発ミスによる得点であることがわかる

小計の算出で状況を確認

各項目の数を数え、小計を算出する。得点の「ノータッチエース・相手の一発ミス」が多いなら、圧倒して勝利したことがわかるなど、それぞれの数によって相手に対してどういう状況で戦ったかを確認できる。ノータッチエースと一発ミスを分けて算出するなど、さらに詳しくデータ化してもよい

■ゲーム分析シート

20XX 年 ○月 △日 11:00 ～ 11:45

氏名／ 戦術 太郎 （男・女）	試合結果／ 2 - 0 (21-16、24-22、 -)
大会名／ 国体予選 東京大会	会場／ 港区 スポーツセンター
個人戦・団体戦 (2) 回戦・準々決勝・準決勝・決勝	大会使用シャトル／ YONEX
対戦者名／ 羽根尾 打男	相手の所属／ NTT 南日本 (年)
相手のプレースタイル／ アタック型 レシーブ型 ラリー型 ダブルス型	相手の利き腕／ 右 左

得点推移表

第1ゲーム

																					小計	点数
自分	ノータッチエース 相手の一発ミス (○)				4		6		⑪											17		
	エースショット 相手の凡ミス (○)	1				5								14								
	ラリー勝ち		2 3				7 8	9	10			12	13			15	16					
相手	相手のラリー勝ち			2				5		8	9			11								
	エースショット 自分の凡ミス (○)		1	3					6			10	12	⑬								
	ノータッチエース 自分の一発ミス (○)				4			⑦														

								小計	点数
自分	ノータッチエース 相手の一発ミス (○)	18		20				6	21
	エースショット 相手の凡ミス (○)	⑲		21				5	
	ラリー勝ち							10	
相手	相手のラリー勝ち							5	16
	エースショット 自分の凡ミス (○)		14 15	16				9	
	ノータッチエース 自分の一発ミス (○)							2	

第2ゲーム

																					小計	点数
自分	ノータッチエース 相手の一発ミス (○)					6																
	エースショット 相手の凡ミス (○)			4			8				11	12	14									
	ラリー勝ち		2	3	5	17		9	10		13											
相手	相手のラリー勝ち	1	4	5			9			13	14	15										
	エースショット 自分の凡ミス (○)	2 ③		6	17		10	12														
	ノータッチエース 自分の一発ミス (○)				8			⑪												16		

										小計	点数
自分	ノータッチエース 相手の一発ミス (○)	⑲		㉓ 24				4	24
	エースショット 相手の凡ミス (○)	17	18	21				8	
	ラリー勝ち	15 16	20	22				12	
相手	相手のラリー勝ち		18	20 22				10	22
	エースショット 自分の凡ミス (○)			㉑				7	
	ノータッチエース 自分の一発ミス (○)		17	19				5	

記入者の判断で内容を分類

よい流れでの得点の場合には、優位なものに項目を上げて記入するのも活用法のひとつ。たとえば「ラリー勝ち」による得点だったとしても、よい粘りでラリーを制することができたなら、相手にダメージを十分に与えたとして「エースショット」にカウントする。試合を観戦する記入者がその都度判断しながら記入することで、厳密にカウントする以上に実際に近い印象で試合の流れを記録できるだろう

得点の内容から流れを把握

23点目に「相手の一発ミス」で得点を挙げ、24点目で「ノータッチエース」を決めて勝利している。この記録を見ることで、たとえば相手が終盤の疲労から一発ミスを犯し、それによって集中力を切らして、ノータッチエースが決まったというように、試合の流れを読むことができる

65 プレーヤー分析シートを活用する

▶ コンディションを把握して試合を振り返る

自分と相手のプレーを分析する

　試合では、自身のコンディションを把握することが最重要だ。どのようなコンディションにあるかを知ったうえで、試合の展開を考えていく。同時に、コートの風の方向もプレーに直結する欠かせない要素。それらの内容を記録し、試合の手ごたえを振り返るために「プレーヤー分析シート」を作成した（P142）。P139の「ゲーム分析シート」と合わせて活用してほしい。

　「プレーヤー分析シート」は、まず試合の前に「コンディション」「体調に関するメモ」を記入してコンディションを把握するとよい。それ以降の「エースショット分析」「対戦相手のタイプ」「自分のプレーのよかったところ」「対戦相手のプレーのよかったところ」「勝負どころと心境」、「収穫」の欄は、試合後に振り返りながら記入する。記入者はプレーヤー、指導者のどちらでも構わない。プレーヤーによる主観的内容、指導者による客観的内容のどちらも有効な記録となるので、求める内容に応じて活用しよう。

　また、「エースショット分析」「対戦相手のタイプ」の項目は、試合中のベンチでのコーチングでも活用可能だ。指導者が試合の展開を見ながら記入し、ゲーム間のインターバルでその内容を伝えることで、プレーヤーは相手の特徴やコートの風向きを頭に入れた状態で、次のゲームにのぞむことができる。

■記入者による活用の特徴

プレーヤー自身	指導者
主観的な内容を記録できる	客観的な内容を記録できる
分析内容を書き込むことで思考を整理できる	プレーヤーのコンディション把握に活かせる
対戦相手を分析することによる観察力の向上が期待できる	対戦相手を試合中に分析できるためベンチでのコーチングに活用可能

「コンディション」から「対戦相手のタイプ」までを指導者、「自分のプレーのよかったところ」以降をプレーヤーが記入するなど、記載箇所を分ける方法も効果的だ。さまざまな使い方が考えられるので、応用しながら役立てるのもよいだろう

■プレーヤー分析シート

年　　月　　日　　：　〜　：

氏名／	（　男　・　女　）	試合結果／　－　（　-　、　-　、　-　）
大会名／		会場／
個人戦　・　団体戦　（　）回戦・準々決勝・準決勝・決勝		大会使用シャトル／
対戦者名／		相手の所属／　　　　　　　　　（　　年）

◉コンディション

	よい		普通		悪い
メンタル	5	4	3	2	1
技　術	5	4	3	2	1
スタミナ	5	4	3	2	1

◉体調に関するメモ

◉エースショット分析　＊コート下が自陣

1 ゲーム目
風の向き

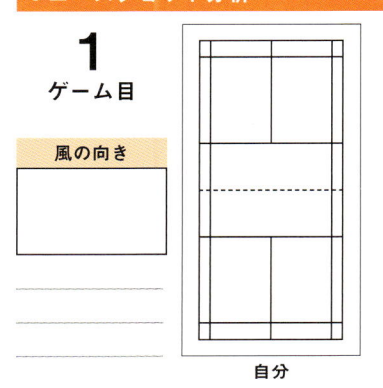

自分

2 ゲーム目
風の向き

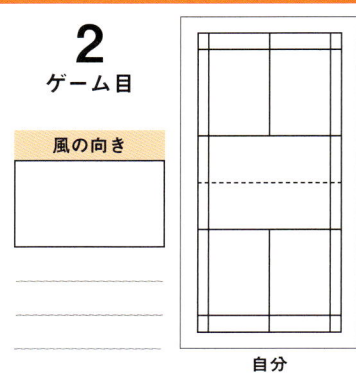

自分

3 ゲーム目
風の向き

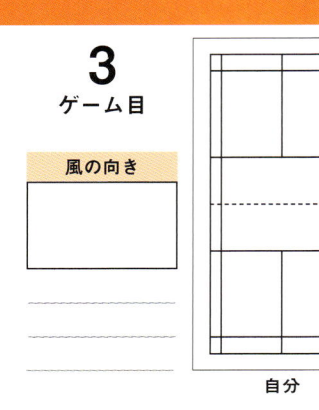

自分

◉対戦相手のタイプ　＊自分を基準とする

	低		自分		高
身　長	1	2	3	4	5
動く速さ	1	2	3	4	5
パワー	1	2	3	4	5
スタミナ	1	2	3	4	5
利き腕	右	左			
プレースタイル	アタック型　レシーブ型　ラリー型　ダブルス型				

特徴

◉自分のプレーのよかったところ

◉対戦相手のプレーのよかったところ

◉勝負どころと心境

◉収穫

■プレーヤー分析シート記入例

風の向き
風の吹いている方向を矢印で書き込む。試合中にプレーヤー分析シートを確認する場合、風の向きを示しておくと、コートチェンジで立ち位置が変わっても混乱せずに、風に対処・利用しやすくなる

コンディション・体調に関するメモ
3項目のコンディションを5段階でチェックし、体調についてのメモを記入。書くタイミングは試合前を推奨するが、試合後に振り返りながら記載してもよい

エースショット分析
コート図の下半面を自陣として、自分と相手のエースショットを書き込む。エースショットは、そのゲームにおける一番の有効打。赤を自分、青を相手として記入するとわかりやすい。できるだけ自分と相手の両方を書き込みたいが、どちらか一方だけでもよい

◎コンディション

	よい		普通		悪い
メンタル	5	④	3	2	1
技術	5	④	3	2	1
スタミナ	5	4	③	2	1

◎体調に関するメモ
よく眠れたので
体調はよい

◎エースショット分析　＊コート下が自陣

1ゲーム目
風の向き
自分：ドリブンクリアー
相手：ストレートスマッシュ
自分

2ゲーム目
風の向き
自分：ストレートスマッシュ
相手：クロスアタッククロブ
自分

3ゲーム目
風の向き
自分

◎対戦相手のタイプ　＊自分を基準とする

	低		自分		高
身長	1	②	3	4	5
動く速さ	1	2	3	④	5
パワー	1	2	③	4	5
スタミナ	1	②	3	4	5
利き腕	㊨	左			
プレースタイル	アタック型	レシーブ型	ラリー型	ダブルス型	

特徴
バック前からのフェイント注意

◎自分のプレーのよかったところ
1ゲーム目、風を利用してフォア奥に追い込めた
2ゲーム目、後半ラリーを我慢できた

◎対戦相手のプレーのよかったところ
1ゲーム目、ラウンドからのスマッシュがよかった
2ゲーム目、フォア前からのクロスアタッククロブが上手

◎勝負どころと心境
2ゲーム目の20対20から落ち着いてプレーできた。大事なところで攻めきれた

◎収穫
うまく風を利用できた

対戦相手のタイプ
自分を基準にして相手の身体的特徴、プレースタイルを判別。特記事項は「特徴」に記入する。試合中に書き込めば、相手の分析につながる。試合後でも、次回の対戦に役立つ記録となる

自分のプレーのよかったところ、対戦相手のプレーのよかったところ、勝負どころと心境
試合のプレーを振り返って記入する。具体的な内容を書き込めると、より効果的に試合を振り返ることができる

収穫
勝因、課題、感想など、試合から得たものを記載する自由記入欄

藤本ホセマリ
ふじもと・ほせまり

1975年5月19日生まれ。東京都出身。越谷南高―中央大―日本ユニシス。全日本社会人単優勝、全日本総合単3位などの記録を残す。2002年アジア大会日本代表。現在は中央大のコーチを務めながら、バドミントン・プロトレーナーとしてジュニアからシニアまで幅広い年代の指導にあたる。いまだ現役プレーヤーとして、シニアのトップで活躍している。

協力　西村達也　中川正麻　田崎真吾　西方優馬　中田政秀

デザイン・図版制作／黄川田洋志、井上菜奈美、藤本麻衣、石黒悠紀（有限会社ライトハウス）
写　　真／黒崎雅久
編　　集／鈴木快美
　　　　　長谷川創介（有限会社ライトハウス）

マルチアングル戦術図解（せんじゅつずかい）
バドミントンの戦い方（たたかかた）

2018 年 8 月30日　第1版第1刷発行
2021 年 1 月20日　第1版第6刷発行

著　　　者／藤本ホセマリ（ふじもと）
発　行　人／池田哲雄
発　行　所／株式会社ベースボール・マガジン社
　　　　　　〒103-8482
　　　　　　東京都中央区日本橋浜町2-61-9　TIE 浜町ビル
　　　　　　電話　　　03-5643-3930（販売部）
　　　　　　　　　　　03-5643-3885（出版部）
　　　　　　振替口座　00180-6-46620
　　　　　　http://www.bbm-japan.com/

印刷・製本／広研印刷株式会社
©Hosemari Fujimoto 2018
Printed in Japan
ISBN978-4-583-11152-0 C2075